# UNE TROUPE
## DE
# COMÉDIENS

PAR

CHARLES MONSELET

PARIS
TRESSE, ÉDITEUR
GALERIE DU THÉATRE-FRANÇAIS
**PALAIS-ROYAL**

1879
*Tous droits réservés*

UNE
TROUPE DE COMÉDIENS

Imprimerie Générale de Châtillon-f.-Seine. — J. Robert.

# UNE TROUPE
# DE COMÉDIENS

## PROLOGUE

### I

### CE QU'ILS EN PENSENT

La scène se passe au pays des ombres, dans les Champs-Elysées classiques.

Swift, *à Henri Heine*. — Toujours du bruit?
Henri Heine, *prêtant l'oreille*. — Cela s'apaise un peu.
Washington, *à Franklin*. — Ils sont en république?
Franklin. — A ce que dit leur monnaie.
Louis XIV, *grommelant*. — Ils auraient bien dû choisir un autre endroit que ma ville de Versailles pour y porter leur sabbat.

Paul-Louis Courier. — Ce vieux roi-soleil! il ne se décidera jamais à quitter sa perruque.

Guizot. — Toutefois est-il que voilà la France encore déchirée par les partis.

Paul-Louis Courier. — Comme de votre temps.

Guizot. — Comme de tous les temps.

Louis-Philippe. — Qui s'y serait attendu?

Charles X. — Qui l'aurait prévu?

Napoléon III. — Moi peut-être.

Colbert, *à Mazarin*. — Avez-vous le mot de l'énigme, monseigneur?

Mazarin, *traçant un mot avec son doigt*. — *Influenza!*

Louis XI. — Des pèlerins et des miracles? A la bonne heure! Je reconnais ma France d'autrefois.

Duvert. — Volcan et bénitier! J'aurais fait un joli vaudeville avec ce titre.

Le duc de Broglie père. — Je ne croyais pas que le ciel pût me réserver de pareils étonnements.

Madame de Stael. — Comment! c'est *lui* qui fait tout ce tapage? Je ne m'en serais jamais douté. Expliquez-moi cela, Benjamin Constant?

Benjamin Constant. — Dieu me garde d'expliquer quoi que ce soit, baronne! Le roi a payé mes dettes, vive le roi! Voilà mon opinion.

Madame de Stael. — Egoïste!

Benjamin Constant. — Nous l'étions déjà sous la Restauration et sous la monarchie de Juillet. Cela ne nous empêchait pas de crier aussi : *Vive la liberté!* Nous avons fait souche.

Madame de Staël. — Je le vois bien.

Monk. — J'ai appelé la génération anglaise de mon temps une génération *tortue et perverse*.

Le père Joseph. — Moi, j'ai parlé le moins possible. Peu de bruit et beaucoup de besogne. Cette tradition n'est pas perdue, si mes renseignements sont exacts.

Voltaire. — Ils le sont, respectable Eminence grise.

Mirabeau. — Ils ont un orateur qui n'est pas sans mérite; je retrouve en lui quelques-unes de mes qualités. Le geste est bon, la voix est puissante. J'irai entendre encore ce garçon-là.

Le marquis de Boissy. — Et moi qui croyais avoir reculé pour longtemps les bornes de l'interruption! Il y a là des gaillards qui n'y vont pas de main morte. *Shocking!* comme disent mes amis les Anglais.

Manuel. — Le temps présent est cependant en progrès sur le temps passé. Rappelez-vous, monsieur le marquis, le jour où l'on me fit empoigner par un gendarme à la tribune.

Le marquis de Boissy. — Je m'en souviens, monsieur Manuel.

Chateaubriand. — Moi, le grand royaliste, je n'ai jamais cessé de réclamer la liberté de parler et d'écrire.

Le maréchal Bugeaud. — Eh bien! après tout, le sabre!

Eugène Cavaignac. — Après tout, peut-être... mais avant tout?

Le maréchal Bugeaud. — Vous m'avouerez pourtant que ces clameurs sont intolérables.

Eugène Cavaignac. — Je n'avouerai rien.

Le maréchal Bugeaud. — Tenez, laissez-moi jurer... cela me soulagera.

Eugène Cavaignac, *riant*. — A votre aise, maréchal.

Le maréchal Bugeaud. — C'est une vieille habitude des camps dont je n'ai jamais pu me débarrasser, et qui fait le désespoir de tous ceux qui m'entourent.

Eugène Cavaignac. — Mayeux jurait aussi.

Le maréchal Bugeaud. — Un bossu, n'est-ce pas?

Eugène Cavaignac. — A ce qu'on dit.

Le maréchal Bugeaud. — Il avait raison... Là, je me sens mieux à présent. Voyez-vous, général, un soldat est toujours un soldat.

Eugène Cavaignac. — Je m'en étais quelquefois douté.

Le maréchal Bugeaud. — Voulez-vous un cigare?

Eugène Cavaignac. — Volontiers, maréchal.

Le maréchal Bugeaud. — Donnez-moi votre bras. Maintenant dites-moi confidentiellement ce que vous pensez de...

(*Ils s'en vont tous deux en causant.*)

Nestor Roqueplan, *à M. de Malesherbes.* — Ça, monseigneur? ça, c'est ce qu'on appelle un remaniement.

Malesherbes. — Un remaniement de quoi?

Roqueplan. — De préfets et de sous-préfets.

Malesherbes. — Pauvres gens!

Roqueplan. — Vous avez raison de les plaindre, monseigneur... toujours en mouvement, allant du Nord au Midi et de l'Est à l'Ouest, sur le moindre signe... toujours inquiets, parfois conspués...

Malesherbes. — Oh!

Roqueplan. — Cela s'est vu.

Romieu. — Pas de mon temps, du moins; car j'ai été préfet, moi aussi, dans les bons jours. Un préfet modèle! Je n'ai jamais été en guerre qu'avec les hannetons.

Roqueplan. — Tout est bien changé. Vous souriez, monsieur de Talleyrand?

Talleyrand. — Voulez-vous pas que je pleure?

Roqueplan. — Il y a commencement à tout.

Talleyrand. — Repassez une autre fois, mes amis.

Roqueplan. — En attendant, au moins, donnez-nous un *mot*, monsieur de Talleyrand.

Romieu. — La charité, s'il vous plaît, mon bon monsieur de Talleyrand!

Roqueplan. — Un mot pour l'amour de Dieu... ou du diable... monsieur de Talleyrand!

Talleyrand, *souriant.* — Mendiants!... Un mot sur quoi?

Roqueplan. — Sur la situation.

Talleyrand, *haussant les épaules*. — La situation ! la situation ! je me ferais fort de l'escamoter comme une muscade. D'abord votre situation n'est autre chose qu'une complication, rien de plus. Réduire les fantômes, tout est là. — Enfants ! éternels enfants ! (*Il veut s'en aller.*)

Roqueplan. — Eh bien ! et notre *mot*, monseigneur ?

Romieu. — Excellence, notre mot !

Talleyrand. — Je vais le commander à mon secrétaire.

Napoléon I$^{er}$. — Ecrivez, Las-Cases.

Las-Cases. — Encore, sire ?

Napoléon I$^{er}$. — Toujours. Je dois léguer à la postérité mon opinion sur tout ce qui se passe.

Las-Cases, *à part*. — Allons, le grand conquérant va encore rabâcher.

Napoléon I$^{er}$. — Y êtes-vous, Las-Cases ?

Las-Cases. — Oui, sire.

Napoléon I$^{er}$, *dictant*. — Avant quinze ans, la France sera républicaine ou...

Las-Cases. — Pardon, sire ; je crois que vous avez déjà placé cette phrase quelque part.

Napoléon I$^{er}$. — Vous croyez, Las-Cases ?

Las-Cases. — J'en suis même certain.

Napoléon I$^{er}$. — Alors, abordons un autre ordre

d'idées. (*Dictant.*) Si Corneille avait vécu de mon temps, je...

Las-Cases. — Excusez-moi, sire, de vous interrompre encore. C'est la troisième fois que Votre Majesté exprime cette noble pensée.

Napoléon Ier. — Bah!... Continuons. (*Ils continuent.*)

⁂

Madame Tallien, *à mademoiselle Lange*. — Cinq petits plissés en grenadine bleue au bas de la jupe... tunique polonaise rayée, havane et bleu... C'est tout simplement ravissant.

Mademoiselle Lange. — Ah! ma chère, jamais les femmes n'ont été mieux habillées qu'aujourd'hui!

Madame Tallien. — Tout est là.

## II

## CONVERSATION POLITIQUE

AVEC MON CONCIERGE

Mon Concierge. — Monsieur rentre de bien bonne heure.

Moi. — Vous trouvez, père Sandoval? Onze heures un quart. C'est l'heure des journalistes décents.

Mon Concierge. — Ordinairement, monsieur passe minuit.

Moi. — Les jours de première représentation.

Mon Concierge. — Je n'ai pas entendu le bruit de votre voiture.

Moi. — Je suis revenu à pied.

Mon Concierge. — Et... les rues sont sûres ?

Moi. — Parfaitement sûres, père Sandoval. Pourquoi voudriez-vous qu'elles ne le fussent pas ?

Mon Concierge. — Moi ? je ne veux rien, monsieur, absolument rien ; je vous prie de le croire.

Moi. — Alors, allumez ma bougie, s'il vous plait.

Mon Concierge. — Encore un petit moment, monsieur... Si vous saviez combien je suis heureux de causer avec vous!

Moi. — Vous êtes fort honnête, père Sandoval.

Mon Concierge. — Honnête et affectueux, je m'en vante. Un cœur bat sous ma redingote de concierge.

Moi. — Je m'en doutais.

Mon Concierge.. — Et si vous vouliez seulement me permettre d'oser vous offrir un petit verre de vieille..

Moi. — De vieille quoi ?

Mon Concierge. — De vieille eau-de-vie. J'en ai là une fiole dans mon placard, avec laquelle je me console des aspérités de l'existence.

Moi. — Merci, père Sandoval; je n'en use pas.

Mon Concierge. — Bien vrai ?

Moi. — Bien vrai. Ai-je une figure à faire des façons ?

Mon Concierge. — Non, et c'est pourquoi vous me plaisez, monsieur... Ainsi donc, vous revenez du boulevard ?

Moi. — Comment le savez-vous ?

Mon Concierge. — Je le suppose. Qu'est-ce qu'on dit sur le boulevard ?

Moi. — On ne dit rien.

Mon Concierge. — Monsieur plaisante sans doute.

Moi. — Ma foi, non. Les gens prennent le frais devant les cafés, ou le chaud à l'intérieur.

Mon Concierge. — Mais la politique ?

Moi. — Eh bien! La politique... elle en est toujours au même point, père Sandoval ?

Mon Concierge. — Quel point ?

Moi. — On attend. C'est le calendrier qui gouverne.

Mon Concierge. — Mais.. l'opinion publique?

Moi. — Elle est de plusieurs sortes, comme les individus.

Mon Concierge. — Allons, je vois, monsieur, qu'on ne peut rien savoir avec vous. C'est un parti pris. Vous ne voulez pas vous ouvrir. (*Avec finesse.*) Si j'en faisais pourtant autant de mon côté ? Si je refusais de vous ouvrir?...

Moi. — Ah! père Sandoval, c'est un mot.

Mon Concierge. — Bien modeste, monsieur. J'ai le sentiment de mon infériorité.

Moi. — Mais, père Sandoval, puisque vous êtes si curieux de l'opinion, que ne l'interrogez-vous dans votre propre maison, où vous logez des représentants de tous les partis ?

Mon Concierge. — C'est vrai : un orléaniste au premier étage...

Moi. — M. Cudaine-Grinin, successeur de l'importante maison de suif de Lessival (Orne), soixante-six ans, un petit ventre respectable « et qui ne doit rien à personne », selon son expression ; bourgeois bourgeoisant, qui se souvient avec orgueil d'avoir dîné au *château* des Tuileries en uniforme de chef de bataillon de la garde nationale.

Mon Concierge. — Un bonapartiste au deuxième.

Moi. — M. Arsène Belhomme, sans profession, ou plutôt sans ouvrage en ce moment; quarante-cinq ans, teint coloré, moustaches de croquemitaine. Signe particulier : un aigle dans le plafond.

Mon Concierge.—Enfin, un légitimiste au troisième.

Moi. — Le marquis de Sarpejeu. Répond au petit nom d'Odoard. L'âge d'une romance oubliée. Sensible et distrait. Tourne des tabatières dans ses moments de loisir, c'est-à-dire toute la journée.

Mon Concierge. — Bonnes gens, au fond, tous les trois.

Moi. — Je ne dis pas le contraire. Que pensent-ils de la situation qui leur est créée par les élections nouvelles?... Le bonapartiste?

Mon Concierge. — Il se frotte les mains.

Moi. — Pas exigeant. L'orléaniste?

Mon Concierge. — Il n'a jamais été plus joyeux.

Moi. — Bah! et le légitimiste?

Mon Concierge. — Il a fait remettre une coiffe blanche toute neuve à son chapeau, avec une fleur de lis dans le fond.

Moi. — En or?

Mon Concierge. — On le croirait.

Moi. — Il ne se refuse rien, le marquis de Sarpejeu.

Mon Concierge. — Il est au beau, comme ma fleur barométrique.

Moi. — C'est au mieux... Et, pour brocher sur le tout, moi, votre locataire républicain, je suis aux anges.

Mon Concierge. — Tout le monde est donc satisfait alors?

Moi. — Il faut le croire.

Mon Concierge. — Et d'accord?

Moi. — Ah! pour cela, c'est autre chose. Vous en demandez trop le premier jour, père Sandoval.

Mon Concierge. — Mais une fois à la Chambre?...

Moi. — Une fois à la Chambre, il serait ambitieux

de s'attendre à une entente unanime. Chaque parti essayera sans doute, dans le commencement, de déplacer à son profit l'axe de la majorité.

Mon Concierge. — Comment dites-vous cela, monsieur?

Moi. — L'axe de la majorité. C'est une phrase que j'ai lue ce matin dans un journal. Au fait, j'aurais eu plus court de dire : la majorité.

Mon Concierge. — Et pensez-vous, monsieur, que la majorité se laisse déplacer comme cela?

Moi. — Je ne le pense pas du tout, père Sandoval. Mais il y aura des piéges tendus. Il faudra se méfier, montrer de la prudence. Connaissez-vous la *Muette de Portici?*

Mon Concierge. — Non, monsieur.

Moi. — Alors, la citation que je voulais vous faire est inutile. Donnez-moi ma bougie.

Mon Concierge. — Déjà! Vous êtes bien pressé d'aller vous coucher.

Moi. — Signe des temps!

Mon Concierge. — Vous m'enchantez en parlant ainsi, monsieur. Nous sommes donc à la tranquillité?

Moi. — En doutiez-vous?

Mon Concierge. — Hé!

Moi. — Concierge de peu de foi! Allez et suivez mon exemple : dormez sur les deux oreilles.

Mon Concierge. — Monsieur sait bien que le fait est matériellement impossible.

Moi. — C'est juste, père Sandoval. Allons, à demain.

Mon Concierge. — Encore un mot, monsieur.

Moi. — Deux, pas davantage.

Mon Concierge. — Eh bien! deux... Le Président?

Moi. — Bonsoir, père Sandoval.

Mon Concierge. — Bonsoir, monsieur. (*A part.*) Comptez donc sur les journalistes pour avoir des nouvelles?

## III

## UNE AGENCE ÉLECTORALE

M. d'Aigrigny écoute la lecture de sa correspondance, lecture que lui fait son secrétaire.

D'Aigrigny. — Est-ce tout?

Le Secrétaire. — Non, monsieur. Il y a encore la lettre d'un candidat officiel, qui demande qu'on lui envoie une profession de foi toute rédigée

D'Aigrigny. — Le paresseux !

Le Secrétaire — Il confesse ingénument son embarras. « ..... Vous devez savoir bien mieux que moi, — écrit-il, — ce qu'il faut que je dise et surtout ce qu'il faut que je ne dise pas. Il me faudrait quelque chose de relevé et même d'un peu crâne. Je me sens gêné pour cela dans les entournures... »

D'Aigrigny. — Il y a : dans les entournures ?

Le Secrétaire. — Oui, monsieur.

D'Aigrigny. — Hum!... style familier. Continuez.

Le Secrétaire. — « ..... Car, dans ma carrière politique, il a pu sembler à quelques esprits étroits que j'avais donné des gages à tel ou tel parti. »

D'Aigrigny. — Je vois cela d'ici. Un niais !

Le Secrétaire. — Ou un timide.

D'Aigrigny — C'est la même chose. Le nom de ce candidat?

Le Secrétaire. — Le vicomte de Saint-Bivalve.

D'Aigrigny. — Ah ! ah ! jolie noblesse. Et la circonscription où il se présente?

Le Secrétaire. — Bafouilly-sur-Coing.

D'Aigrigny. — Où prenez-vous Bafouilly ?

Le Secrétaire. — Dans le centre.

D'Aigrigny. Un gros bourg?

Le Secrétaire. — Enorme.

D'Aigrigny. — Bien pensant?

Le Secrétaire. — Heu ! heu !... très-remuant.

D'Aigrigny. — Diable !

Le Secrétaire. — Que faut-il répondre à M. le vicomte de Saint-Bivalve?

D'Aigrigny. — Chargez-vous de lui faire sa profession de foi, Ernest. Ce ne sera pas la première que vous aurez rédigée. Vous avez le moule. Moi je suis pressé. Vous savez qu'on m'attend à Cherbourg.

Le Secrétaire. — Je le sais, monsieur, mais...

D'Aigrigny. — Eh bien?

Le Secrétaire. — C'est que je suis embarrassé, moi aussi.

D'Aigrigny. — Bah ! et pourquoi?

Le Secrétaire. — Parce que M. le vicomte de Saint-Bivalve, si honorable qu'il soit, a de ces antécédents politiques qui... que...

D'Aigrigny. — Ces antécédents? je vous entends. (*Souriant.*) Il a varié?

Le Secrétaire. — Il n'a fait que cela.

D'Aigrigny. — Et cela vous arrête?

Le Secrétaire. — Pour le moment.

D'Aigrigny. — Allons, je vais vous aider. Prenez la plume, Ernest.

Le Secrétaire. — Voilà, monsieur.

D'Aigrigny, *dictant.* — « *Electeurs !...* » Dans toute autre localité j'aurais mis : Messieurs les électeurs! ou : Chers électeurs! Mais puisqu'il s'agit d'un bourg récalcitrant, il convient de le prendre de haut.

Le Secrétaire, *répétant.* — Electeurs...

D'Aigrigny. — « *Vous me connaissez...* » Le connaissent-ils ?

Le Secrétaire. — Pas du tout.

D'Aigrigny. — Alors, changeons. « *Vous ne me connaissez pas; cette situation exceptionnelle et bien définie, qui nous met à l'aise vis-à-vis les uns des autres, vous est une garantie de ma parfaite indiff... indépendance.*

Le Secrétaire. — Indépendance.

D'Aigrigny. — « *Depuis longtemps j'étudie dans l'ombre et de loin, c'est-à-dire à l'écart de toute influence, les besoins de Bafouilly-sur-Coing, la noble cité !* » — Un peu de flatterie ne messied pas. — « *Ils sont pressants et multipliés... tant mieux !* — (Marque d'étonnement du secrétaire.) — *Mon dévouement aura de quoi s'exercer.* »

Le Secrétaire. — Après?

D'Aigrigny. — Abordons tout de suite les questions d'intérêt local; ce sont les plus intéressantes pour des villageois. « *Vous devinez à l'avance les points principaux sur lesquels se portera ma sollicitude : mesures d'utilité publique, comices agricoles, chemins vicinaux, réparation des routes défoncées, inspection du laitage, muselage des chiens errants, extension des marchés, pavage, éclairage, arrosage, etc., etc.* » Vous broderez là-dessus, Ernest, selon la statistique du département.

Le Secrétaire. — Oui, monsieur.

D'Aigrigny. — Il faut que Bafouilly-sur-Coing soit émerveillé! Parlez des ressources nombreuses du pays, de l'avenir prospère qui lui est réservé, de votre zèle de tous les jours, de votre activité de tous les instants. « *Je ne me dissimule pas l'importance de la tâche à laquelle je me suis voué.....* » Et immédiatement : « *Vous me seconderez dans l'accomplissement de cette tâche, électeurs de Bafouilly !* » Ne doutons de rien, soyons entraînants !

Le Secrétaire. — Je vous suis, monsieur.

D'Aigrigny. — « *J'ai compté sur votre concours éclairé, sur vos capacités réunies, sur votre bon sens...* » Insistez sur le bon sens ; il va nous fournir une transition pour arriver à notre dada : « *C'est cet admirable bon sens, dont vous avez fourni tant de preuves, qui saura vous tenir en garde contre les menées audacieuses des partis...* » A partir des menées des partis, vous pouvez aller tout seul ; vous savez votre leçon.

Le Secrétaire. — Oh ! oui, monsieur.

D'Aigrigny. — D'ailleurs, vous avez auprès de vous le *sac aux rengaînes* ?

Le Secrétaire. — Le voici. Il ne me quitte pas. J'y ajoute tous les jours quelques phrases que je cueille dans les journaux... je veux dire dans *nos* journaux.

D'Aigrigny. — Tirez-m'en quelques numéros, pour voir.

Le Secrétaire. — A vos ordres, monsieur. *(Il agite le sac, et amène à lui des petits morceaux de papier...)* Les visées impudentes du radicalisme... l'égide des lois... le respect des institutions... les prétentions effrénées des démagogues... les garanties du pacte social... les ennemis de la société...

D'Aigrigny. — Bien usé, tout cela. Saupoudrez-en avec discrétion la circulaire du vicomte de Saint-Bivalve. A propos?

Le Secrétaire. — Monsieur?

D'Aigrigny. — Combien reste-t-il de *drapeaux de la foi?*

Le Secrétaire. — Une vingtaine tout au plus. Il en a été fait une consommation effrayante dans ces derniers temps. L'Ouest a tout pris. Monsieur devrait les ménager.

D'Aigrigny. — Il en faut un cependant pour Saint-Bivalve; il ne peut pas décemment s'en passer.

Le Secrétaire. — M. de Saint-Bivalve aura son *drapeau de la foi*.

D'Aigrigny. — Très bien. Maintenant, arrivons aux points épineux. Ecrivez: « On peut fouiller mon passé... »

Le Secrétaire. — Aïe! aïe!

D'Aigrigny. — Qu'avez-vous?

Le Secrétaire. — Mais c'est que c'est là précisément où le bât blesse M. de Saint-Bivalve.

D'Aigrigny. — Raison de plus, s'il y a un danger, pour aller au-devant. Pas de pusillanimité! Y êtes-vous?

Le Secrétaire. — M'y voilà.

D'Aigrigny. — « *On peut fouiller mon passé... on verra que j'ai toujours été du parti de France.* »

Le Secrétaire. — Ah! bravo!

D'Aigrigny. — C'est un mouvement qui n'est peut-être pas très neuf, mais qui produit toujours son petit effet.

Le Secrétaire. — Je le crois bien!

D'Aigrigny. — Poursuivons. « *Il est inutile de vous dire quelle sera mon attitude à la Chambre...* »

Le Secrétaire. — Parfaitement inutile.

D'Aigrigny. — « *J'y porterai vos réclamations légitimes et j'y défendrai vos droits sacrés. Je crois pouvoir vous promettre dès aujourd'hui...* » Voyons, qu'est-ce que Saint-Bivalve peut bien promettre?

Le Secrétaire. — Oh! mon Dieu, comme toujours... l'abolition progressive des impôts.

D'Aigrigny. — La suppression des octrois.

Le Secrétaire. — L'augmentation des salaires.

D'Aigrigny. — La diminution des heures de travail.

Le Secrétaire. — La création de plusieurs ports de mer.

D'Aigrigny. — La révision du Code.

Le Secrétaire. — La reconstruction de la Bastille.

D'Aigrigny. — Cela va tout seul. Laissez courir ainsi votre plume pendant une quinzaine de lignes, et terminez en protestant de votre dévouement... à qui de droit.

Le Secrétaire. — Qu'est-ce que c'est que *qui de droit?*

D'Aigrigny — Espiègle! — Tâchez de trouver une phrase ronflante, ce qu'on appelle un *mot de la fin*. En avez-vous sur vous?

Le Secrétaire. — Pas un seul.

D'Aigrigny. — Tant pis. Nos ennemis en ont. Remplacez alors le mot de la fin par : *Vive...*

Le Secrétaire, *anxieux*. — Vive?

D'Aigrigny. — *Vive l'ordre!* Cela ne compromet personne. Adieu. Remettez au net, et envoyez au vicomte de Saint-Bivalve. Il sera content.

Le Secrétaire. — Ou il sera difficile.

## IV

## DIALOGUE ENTRE UN PANTIN
### ET UN HOMME D'ÉTAT

Le théâtre représente une chambre à coucher. Il est minuit. L'homme d'Etat, en grand costume, paré de toutes ses décorations, revient d'une soirée officielle.

L'Homme d'Etat. — Il n'est rien venu pour moi, Jean ?

Jean. — Si, monsieur. Cette caisse.

L'Homme d'Etat. — Ah! oui. Je sais. Ouvrez-la. Ce sont les étrennes de bébé que j'ai achetées.

Jean. — Oh ! le beau pantin !

L'Homme d'Etat. — N'est-ce pas ?

Jean. — Comme il est grand! Comme il est richement galonné ! Et quel air fier !

L'Homme d'Etat. — Posez-le sur ce fauteuil.

Jean. — Sur ce fauteuil-là, monsieur?

L'Homme d'Etat. — Oui. Bébé sera ébloui demain matin. Otez-moi mon habit; prenez garde à mes croix. Eloignez un peu la lampe, je ne lirai pas ce soir.

Jean. — Est-ce que monsieur serait fatigué?

L'Homme d'Etat. — Je crois que oui.

Jean. — Dans ce cas, je vais préparer un verre d'eau sucrée pour monsieur et le placer sur la table de nuit. Monsieur n'aura qu'à étendre le bras.

L'Homme d'Etat. — C'est cela. A présent, vous pouvez aller vous coucher, Jean. Demain, à neuf heures.

Jean. — Bonne nuit, monsieur.

*Resté seul, l'homme d'Etat se met au lit. Ses regards s'arrêtent sur le pantin.*

L'Homme d'Etat. — Ce pantin est vraiment superbe. On le dirait vivant. Ses yeux brillent comme ceux d'une personne naturelle. On travaille très bien aujourd'hui. C'est étrange! il semble me regarder avec intelligence. Ce pantin me trouble malgré moi. Tournons-nous vers la ruelle et endormons-nous. L'ambassadrice a été charmante pour moi ce soir... charmante... charmante...

Au milieu de la nuit, l'Homme d'Etat est réveillé en sursaut par un rire strident. Il se dresse sur son séant et, à la lueur de la lampe, il aperçoit le Pantin démesurément grandi.

L'Homme d'Etat. — Au secours! au...

Le Pantin. — Tais-toi donc, imbécile!

L'Homme d'Etat, *effaré*. — Qu'est-ce que c'est que cela?

Le Pantin. — Tu le vois bien, c'est moi. Ou plutôt c'est toi. Regarde. (*Le Pantin a revêtu l'habit noir de l'Homme d'Etat.*) Je suis ton sosie.

L'Homme d'Etat. — Drôle!

Le Pantin. — Est-ce que cela ne me va pas aussi bien qu'à toi? Tu ne trouves peut-être pas la ressemblance assez complète? Attends. (*Il appuie une de ses mains sur la table de nuit, et de l'autre il remue la cuiller d'argent dans le verre d'eau.*) Messieurs...

L'Homme d'Etat. — Suis-je éveillé?

Le Pantin. — Tu vas entendre comme je t'ai emprunté ta voix. Elle me va aussi bien que ton habit. Messieurs et chers collègues...

L'Homme d'Etat. — D'où sort ce misérable pantin?

Le Pantin, *continuant*. — La France ne pouvait être sauvée que par un seul homme...

L'Homme d'Etat. — Veux-tu te taire!

Le Pantin. — Pourquoi?

L'Homme d'Etat. — C'est ma profession de foi de 1852.

Le Pantin. — Justement. Préfères-tu cette autre : Citoyens...

L'Homme d'Etat. — Silence !

Le Pantin. — Le moment est venu de se rallier franchement et sincèrement à l'idée républicaine. Oui, citoyens...

L'Homme d'Etat. — Paix donc !

Le Pantin. — Est-ce que ce n'est pas cela ?

L'Homme d'Etat. — Maudit pantin !

Le Pantin. — Veux-tu que je crie quelque chose ? Je sais crier aussi fort que toi.

L'Homme d'Etat, — Non !

Le Pantin. — Vive le roi ! vive la reine ! vive les princes ! vive l'empereur ! vive...

L'Homme d'Etat. — Tu m'écorches les oreilles.

Le Pantin. — As-tu donc reconnu ton organe ?

L'Homme d'Etat. — J'ai cessé de crier depuis longtemps.

Le Pantin. — Depuis que tu t'es enroué. C'est toujours comme cela. Gageons cependant que tu te surprends quelquefois à crier tout doucement : Vive mon hôtel ! vive mes appointements ! vive ma livrée ! vive ma voiture ! vive mon importance ! vive ma maison de campagne !

L'Homme d'Etat. — Oh ! l'insupportable voix !

Le Pantin. — Tu es bien dégoûté : un larynx en bois, à toute épreuve, comme le reste. Front en bois, cœur en bois, conscience en bois. Ce qu'il y a de mieux comme chêne. Je te conseille de te plaindre de ton sosie. La fabrication ne saurait aller plus loin.

L'Homme d'Etat. — Allons, laisse-moi tranquille.

Le Pantin. — Tiens ! comme je sais bien me disloquer. Absolument comme toi. Quelle cabriole ! Je tombe et je me ramasse toujours. Le grand écart à présent. Encore comme toi.

L'Homme d'Etat. — Hors d'ici, pantin !

Le Pantin. — En outre, j'ai un ressort dans le ventre. Ce ressort, dès qu'on le presse, fait jaillir des exclamations, des interruptions, des apostrophes. Toujours comme toi.

L'Homme d'Etat. — Va-t'en !

Le Pantin. — Je suis ton sosie. Hi ! hi ! hi !

L'Homme d'Etat. — Va-t'en ou je t'étrangle !

Le Pantin. — Ton sosie en bois.

L'Homme d'Etat. — Une fois... deux fois ! (*Il saute à bas de son lit et s'élance vers le Pantin, auquel il tord le cou.*)

Le Pantin. — Couic ! ! ! (*Le grand ressort se détraque et laisse échapper les phrases suivantes, mêlées à une grande quantité de son.*) A l'ordre ! — C'est intolérable ! Vous abusez de notre patience ! — Monsieur le président, que faites-vous donc de vos pouvoirs ? — Le pays jugera ! On sait ce que vous valez, vous et les vôtres ! — Il faut en finir ! — C'est assez répandre le poison des fausses doctrines ! — Nous verrons de quel côté sera le bon sens public ! — A qui croyez-vous en imposer ? — Vous n'oseriez pas répéter ce que vous venez de dire ! — Assez de déclamations ! Vous gangrenez le peuple ! — Nous serons là au dernier moment ! — C'est le renversement de toute morale ! On ne peut pas souffrir plus longtemps un langage aussi subversif ! — Vous déshonorez la tribune ! — Nous vous repoussons de notre sein ! — L'opinion fera justice de vos théories ! — Les populations des campagnes ne se laissent plus égarer ! Ce sont des calomnies ! Vos manœuvres nous sont connues ! — C'est la désorganisation générale que vous rêvez ! — Rétractez vos paroles ! — Brrr... brrr... brrr.

L'Homme d'Etat. — Ah ! mon Dieu ! il ne s'arrêtera donc pas ? Comment faire pour cacher mon meurtre ? Ah ! une inspiration ! *(Il s'asseoit sur le Pantin.)*

Le Pantin, *à demi étouffé.* — Vous déchaînez les mauvaises passions...

※
※ ※

Tout à coup, on frappe à la porte de la chambre à coucher. L'homme d'Etat se réveille très agité.

L'Homme d'Etat. — Qui va là ?
Une voix d'enfant. — C'est moi... Bébé.
L'Homme d'Etat. — Entre, mon chéri, entre... Et emporte bien vite ce pantin, emporte-le tout de suite. Je ne veux plus le voir.

## V

## TRAVAIL D'INFILTRATION

Le jeune vicomte Artémidor des Prunellières (branche du Nord) fut surpris par son père, dans la soirée du 30 juin 1878, montant à sa chambre avec deux lanternes de papier à la main.

Etonnement et sévérité.

— Qu'est-ce que vous comptez faire de ces chinoiseries-là ? demanda le vieux comte.

Artémidor était devenu rouge jusque dans le blanc des yeux.

— N'est-ce pas aujourd'hui la fête des Nations? balbutia-t-il.

— Quelles nations ? quelle fête?

— Tout Paris illumine...

Le vieux comte des Prunellières faillit tomber à la renverse.

— Et vous voulez illuminer mon hôtel ? s'écria-t-il.

— Ma fenêtre seulement, murmura Artémidor.

— Je vous le défends! rugit le descendant de tous les Prunellières; je vous le défends, entendez-vous?

Il eût été difficile de ne pas l'entendre, car la voix du noble seigneur avait emprunté à l'indignation des sonorités nouvelles.

Artémidor soupira et jeta un regard piteux à ses deux lanternes de papier peint.

Artémidor est ce qu'on appelle un bon jeune homme, ni trop content ni trop fâché d'être noble.

Les femmes le trouvent *gentil* : c'est quelque chose, c'est beaucoup.

Pendant plusieurs années, quotidiennement, un abbé l'a conduit au lycée Saint-Louis et l'en a ramené. Avoir un abbé, c'est très *chic* aux yeux des camarades, mais c'est gênant. Aussi est-il arrivé quelquefois à Artémidor de lâcher son abbé pendant que celui-ci s'abîmait dans la contemplation des cafés du boulevard Saint-Michel, servis par des femmes.

L'abbé fut changé plusieurs fois, — comme le *pompier des coulisses.*

Maintenant, le vicomte Artémidor des Prunellières fait son droit; cela n'a pas été sans de longues hésitations de la part de sa famille. Le père fronçait le sourcil; le grand-oncle, ancien homme d'armes, ne pouvait s'habituer à l'idée d'avoir un *robin* pour neveu. — Mais la mère avait prétendu qu'il fallait accorder quelque chose aux mœurs actuelles, et elle avait cité cinq ou six noms de gentilshommes devenus avocats pour mieux surveiller leurs propres intérêts.

Les Prunellières, qui ont cinq ou six procès sur les bras, se sont rendus à cette dernière considération.

Mais ils n'ont pas prévu les périls de toutes sortes qui attendaient leur Artémidor à l'Ecole de droit, — ou, pour parler plus exactement, aux alentours de l'Ecole de droit.

L'héritier des Prunellières, un peu dépaysé d'abord, s'est lié avec de charmants jeunes gens sans particule.

Avec eux il apprend ce qu'on lui avait laissé ignorer à l'hôtel des Prunellières, — c'est-à-dire que la France n'a pas cessé d'exister depuis le *départ* de Charles X, — que la monarchie n'est pas un élément indispensable au bonheur de l'humanité, — que tous les crimes ne sont pas l'apanage des classes d'en haut, — qu'il y a des honnêtes gens parmi les hommes du *parti avancé*, — que Victor Hugo n'a rien des allures d'un buveur de sang, — que les prêtres sont ce qu'un vain peuple, etc., etc., et mille autres vérités qui avaient toujours été consignées au seuil du logis paternel.

Et tous les jours, lentement, insensiblement, il se fait un travail d'infiltration dans la tête du jeune vicomte Artémidor des Prunellières.

C'est l'idée révolutionnaire qui s'y introduit.

Voilà pourquoi le 30 juin 1878, jour de la fête des Nations, Artémidor avait été poussé à acheter deux lanternes de papier peint pour illuminer la fenêtre de sa chambre.

Quelques jours après ce scandaleux épisode, le vieux comte des Prunellières fit mander Artémidor dans son cabinet.

Artémidor lui trouva un front plus irrité que jamais.

— Monsieur le vicomte, osez regarder mes cheveux! dit le grand vieillard.

— Vos cheveux, papa ?

— Oui, monsieur!

— Eh! mais, ils n'ont rien de changé... Peut-être ne feriez-vous pas mal de les faire rafraîchir.

— Regardez bien, ils ont blanchi!!!

— Croyez-vous? dit Artémidor; on s'en aperçoit à peine.

Il n'osa pas ajouter qu'il avait entendu parler d'une teinture excellente et infaillible.

— Ils ont blanchi, vous dis-je, et c'est vous qui les avez fait blanchir.

— Moi !

— Oui, monsieur, depuis le jour où je vous rencontrai portant la flamme à travers mon escalier...

Artémidor ne chercha pas à réprimer un sourire.

— Comment, papa, vous songez encore à ces deux pauvres petites lanternes?...

— Deux hideux symboles, monsieur!

— Oh!... il y a lanterne et lanterne. Les miennes...

— Taisez-vous! vous vous laissez dévorer par l'esprit moderne!

— Entamer tout au plus.

— Ce n'est pas tout. Vous vous êtes abonné sans mon aveu à des feuilles incendiaires.

— Le mot est bien gros, papa; mettons *lumineuses*.

— Ne m'appelez plus votre père! je rougis de l'avoir été... un instant. Nom d'un preux!

Ce juron dénotait chez le comte des Prunellières le dernier degré de l'exaspération.

Artémidor laissa souffler l'auteur de ses jours; après quoi il lui dit :

— Pourquoi ne voulez-vous pas que je me mêle à mon époque? Il faut connaître un peu de tout. Je veux comparer, m'éclairer, juger. Ces journaux que vous me reprochez de recevoir, les avez-vous lus?

— Dieu m'en garde!

— Ils ne sont pas aussi méchants qu'ils en ont l'air. C'est vous qui êtes furibond, ce ne sont pas eux. Quelques-uns sont aussi bien rédigés que le *Rosier de Marie*, soyez-en certain.

— Impie! athée! blasphémateur! tonna le comte des Prunellières; il ne vous manque plus que de coiffer le bonnet phrygien!

— Eh! eh! ce n'est pas si laid, répondit Artémidor: toute la Grèce s'en est accommodée jadis.

— Tu déshonores tes ancêtres!

— Laissez donc, papa; savez-vous comment nos ancêtres penseraient et agiraient aujourd'hui?

— Comme autrefois! fit le noble comte en prenant une attitude.

— Voyons, répliqua Artémidor ; nous sommes entre nous, et bien seuls. Je sais que nous nous sommes appelés Louchard avant de nous appeler Prunellières. Je déshonore peut-être Prunellières, mais j'honore Louchard à coup sûr.

Hors de lui, le vieux seigneur :

— C'est cela que l'on vous apprend à l'École de droit ?

— Cela, et autres choses encore, répliqua Artémidor avec assurance.

— O ciel ! vous l'entendez !

— Non, il ne m'entend pas.

— Sors d'ici ! Je te bannis de ma présence ! Tu souilles ces lambris glorieux !

Artémidor sortit, en trouvant que son père *la lui faisait un peu trop au marquis de la Seiglière*.

Scènes de famille regrettables.

Et le travail d'infiltration se poursuit toujours sous le crâne du jeune Artémidor.

Le vieux comte, qui ne peut s'empêcher de sentir battre son vieux cœur dans sa vieille poitrine, a essayé des moyens de douceur.

— Vous savez, a-t-il dit à son fils, que nous partons pour notre château de Landriri-en-Xaintonge, où nous comptons résider pendant tout l'été. Amenez-y un de vos amis, si cela vous fait plaisir ; il sera le bien reçu.

— Je vous remercie, mon père; j'userai de votre permission.

Huit jours après, Artémidor se présentait dans le château de Landriri, en compagnie d'un jeune homme qui se faisait annoncer ainsi :

— M. Edgar Marat.

Pur hasard de noms, mais coup de théâtre terrible pour tous les Prunellières, qui étaient réunis dans une salle basse !

La vieille tante Hermangarde en a eu une attaque de nerfs.

Le travail d'infiltration va son train.

Depuis quelque temps, le jeune vicomte reçoit la visite tous les matins d'un individu un peu plus âgé que lui, très correctement vêtu d'ailleurs.

— Qu'est-ce que c'est donc que ce monsieur ? lui a demandé dernièrement le vieux seigneur des Prunellières.

— Mon répétiteur de droit, a répondu Artémidor d'un ton embarrassé.

Le vieux comte, qui *a le nez creux* comme on dit dans le grand style diplomatique, ne s'est pas contenté de cette réponse. Il est monté un matin, à pas de loup, jusqu'à la chambre de son fils, et il a prêté l'oreille. Ce n'était pas très noble, mais c'était d'un sentiment paternel.

Cette fois, ses cheveux déjà blanchis se sont hérissés d'horreur (il faut bien varier).

Il a entendu des mots extraordinaires : Liberté... égalité... droits de l'homme... progrès...

Ce n'était pas un professeur de droit qu'avait pris Artémidor.

C'était un professeur de République.

# VI

## LETTRE D'UN SOUS-PRÉFET

### A UN AUTRE

Mon cher d'Upont,

Comment vous comportez-vous dans votre résidence montagneuse, au milieu de vos chèvres et de vos administrés ?

Il faut avouer que le sort nous a mis à une furieuse distance l'un de l'autre : — vous sur la frontière espagnole, moi en pleine lande de Normandie. C'est dur pour deux camarades de Louis le Grand.

Je viens vous demander de vos nouvelles, mon cher d'Upont, et vous donner des miennes. Vous ne bougez pas plus qu'une marmotte : c'est peut-être ce que vous avez de mieux à faire. Mais moi, j'ai pris mon parti d'une façon plus gaillarde. Que voulez-vous ? Je n'aime pas les situations ambiguës.

Le soir de mon arrivée, j'ai été accueilli, comme vous l'avez été sans doute, par les cris mille fois répétés de : *Vive la République!* Je n'ai pas besoin de vous dire l'envie que j'avais de me boucher les oreilles. Mais il s'agissait de faire bonne contenance; une pantomime expressive a été ma réponse à ces braillards; ils ont pu croire que j'étais enrhumé.

Passe pour cette fois, mais j'ai compris qu'il fallait m'habituer désormais à ces vociférations. En conséquence, le lendemain matin, mon premier soin a été de sonner mon valet de chambre Jean et de lui dire :

— As-tu une belle voix ?

— Moi, monsieur le sous-préfet ?

— Oui, toi... As-tu une grosse voix, une forte voix?

— Pourquoi faire, monsieur ?

— Pour crier : *Vive la République!*

— Dame! je ne sais pas, répondit-il profondément étonné.

— Eh bien! essaie un peu.

— Que j'essaie, monsieur le sous-préfet ?

— Oui, crie bien fort : *Vive la République!*

— *Vive la République!* cria Jean de toute la vigueur de ses poumons.

— Ce n'est pas mal... mais ce n'est pas encore assez fort... Ne crains pas de donner tous tes moyens... Recommence... C'est mieux, cela... A présent, retiens bien ce que je vais te dire.

— Oui, monsieur le sous-préfet.

— Tu viendras me crier : *Vive la République!* le plus souvent possible, et surtout aux moments où je m'y

attendrai le moins... même quand je serai en société...
Cela m'accoutumera peu à peu... Tu m'as compris ?

— Oui, oui, monsieur le sous-préfet... c'est facile...
mais c'est drôle.

— C'est drôle pour toi.

— Je vas-t'y m'en donner! fit le brave garçon en
sautant joyeusement.

— Maintenant, tu peux me laisser.

— Oui, monsieur le sous-préfet... *Vive la Républi-
que!...* A tous les moments, n'est-ce pas ?... *Vive la
République!...* Voyez-vous comme cela va tout seul !...
Comptez sur Jean, monsieur le sous-préfet !

Et, jusqu'au bas de l'escalier, je pus entendre rete-
nir le nouveau cri des temps modernes.

Pas poli, le journaliste radical de mon arrondisse-
ment ! Pas poli du tout !

Voici la bordée dont il me salue dans son numéro de
ce matin :

« Notre nouveau sous-préfet, M. de Cochléaria,
est arrivé hier dans notre ville, à dix heures du soir,
comme un oiseau de nuit... »

Que dites-vous de cet *oiseau de nuit*, mon cher d'U-
pont ?

— « Nous allons le voir à l'œuvre, à présent... »

Comme il est pressé ! Ne peut-il pas me laisser au
moins le temps de respirer ?

« Nous réclamons des améliorations sérieuses.

L'heure est venue où nous ne nous payons plus de vaines paroles. Mais, quoique notre concours loyal lui soit assuré dans tout ce qu'il tentera pour la consolidation de l'idée républicaine, nous craignons fort que le nouveau fonctionnaire envoyé par le ministre de l'intérieur ne soit pas encore le sous-préfet de nos rêves. »

Mais si ! mais si !

« Les antécédents politiques de M. le baron Hector de Cochléaria ne sont pas de nature à nous inspirer une grande confiance. Il a tour à tour donné des gages à chaque parti... »

Eh bien ! c'est un excellent procédé pour chercher la vérité.

« Il appartient à cette classe d'ambitieux subalternes et d'esprits superficiels, frottés de scepticisme, à qui tous les moyens sont bons pour arriver à ce qu'ils appellent une position.

» On s'est plusieurs fois égayé sur la noblesse de M. le baron Hector de Cochléaria, qui se prétend issu d'une illustre souche bretonne. D'après les renseignements qui nous sont communiqués par un de nos amis, grand fouilleur d'archives, les Cochléaria n'ont aucune parenté avec les Loc-Maria, du Morbihan ; ils descendent tout simplement d'un Loch, — qui était pharmacien à Lesneven. Nous voilà bien loin du combat des Trente. »

Paltoquet ! polisson !

Voilà jusqu'où ils en sont venus, mon cher d'Upont ! Voilà les armes qu'ils ne dédaignent pas d'employer contre nous ! Aussi bien que moi vous savez à quoi vous en tenir sur ma noblesse, Dieu merci ; nous avons eu des d'Upont dans notre famille. Mais voyez quel effet déplorable peuvent produire sur mes administrés les calomnieuses insinuations de ce folliculaire !

Comme vous le pensez bien, ma première idée avait été de lui envoyer un cartel et de lui fourrer six pouces de lame dans le ventre.

Mais après quelques instants de réflexion, j'ai renoncé à ma première idée. J'ai compris que je faisais fausse route, que le gouvernement ne m'avait pas envoyé dans ce pays pour ferrailler, et qu'enfin les intérêts de la France devaient passer avant le souci de ma dignité personnelle.

L'homme s'est effacé devant le citoyen.

En moins de temps qu'il n'en faut pour l'écrire, la sérénité a reparu sur ma figure, et j'ai déchiré le numéro du journal radical, pendant qu'un sourire de mépris venait plisser ma lèvre ironique. — Le mépris, cette arme des forts !

Si jamais je fais faire mon portrait, ce sera dans cette attitude, et avec le souvenir de cet épisode.

C'est égal, le rédacteur de cet entrefilet, je le rattraperai tôt ou tard.

Il est très gentil le petit castel qui me sert d'habitation. C'est un bâtiment de la fin du dix-septième siècle, remanié dans plusieurs parties et approprié aux exigences modernes.

Mon prédécesseur avait particulièrement porté ses soins sur la salle à manger. Je compte y donner de petits dîners de conciliation et d'apaisement. Il y a près d'ici un joli cours d'eau, qui produit des truites exquises, à ce qu'on m'a affirmé.

Mes convives seront chaque fois triés sur le volet du clergé, de la magistrature, de l'armée, de l'industrie, du notariat et de la médecine.

Vous voyez, mon cher d'Upont, que j'ai quelques prétentions au titre de gastronome. Dans nos dîners d'anciens condisciples à la Maison d'Or, c'est toujours moi qu'on charge de la rédaction du menu, — et j'ose dire que jusqu'à présent vos suffrages m'ont toujours soutenu dans cette œuvre d'initiative. Quelques-uns d'entre vous veulent bien se souvenir encore de mon *turbot impérial à la sauce Compiègne*.

Quoique placé aujourd'hui sur un plus modeste terrain, je prétends soutenir ma réputation. La cuisine n'est pas sans affinité avec la politique. Bien traiter, c'est déjà la moitié de bien administrer.

J'allais vous en écrire plus long, mon cher d'Upont, lorsque ce butor de Jean est entré sur la pointe du pied dans mon cabinet et est venu me hurler dans l'oreille :

— Vive la République !

J'ai fait un bond, mais un tel bond que la plume m'est tombée des mains.

Allons, je ne suis pas encore habitué.......

Il me faudra de nombreuses répétitions, je le vois bien.

En attendant de vos nouvelles, mon cher d'Upont, je demeure votre collègue et votre ami.

## VII

## LA PROCESSION

L'évêque était dans son église.

Les orgues jouaient, les cierges brillaient. Des encensoirs d'argent balancés par des enfants rouges répandaient une vapeur enivrante. Mille voix, la plupart argentines, s'unissaient dans un seul cantique. Au dehors, les cloches sonnaient à toute volée.

La procession se préparait à sortir.

Elle se déroulait déjà sur une double haie de jeunes filles et de jeunes garçons ; les bannières aux riches couleurs s'agitaient dans l'air ; les gros chantres marchaient en cadence, faisant mugir de respectueux tonnerres dans leurs vastes poitrines. Puis venaient les membres du chapitre, solennels, et parmi lesquels on distinguait plus d'un front extatique ou imposant. — Mais personne n'était plus beau que l'évêque.

Sous un dais de velours pourpre, orné de panaches de plumes et porté par quatre lévites entièrement vêtus de blanc, sous ce dais incrusté de pierreries et dont les glands étaient tenus par des personnes considérables, — l'évêque s'avançait, enveloppé d'une chape étincelante, moitié or et moitié dentelles. Il s'avançait lentement, gravement, la tête haute, livrant à l'air tiède et sacré les boucles grisonnantes de ses cheveux. Il s'avançait dans cette gloire, dans ce nuage, dans cette musique.

Il était beau ainsi, je vous le jure.

Les portes de l'église s'étaient ouvertes avec fracas pour laisser passer la procession.

Tout à coup, un événement extraordinaire se produisit.

L'évêque s'arrêta brusquement, et toute la procession avec lui.

Il venait de se rencontrer face à face... avec qui ?

Avec un chien.

Moment de stupeur !

✤
✤ ✤

Ce chien était là, candide, étonné, l'œil doux, les oreilles remuantes, calme comme quelqu'un qui se sent dans son droit.

Et il l'était, en effet. Il l'était de par le proverbe : *Un chien regarde bien un évêque.*

Ce proverbe, qui court les rues depuis un temps immémorial, la queue et la vérité en trompette, renferme un fragment précieux de la sagesse des nations.

Il est évident que l'auteur de ce proverbe, — demeuré inconnu comme tous les auteurs de proverbes, — a voulu rendre, dans l'image la plus saisissante que son cerveau ait pu lui fournir, ce qu'il y a au monde de plus humble et de plus superbe.

De plus humble, de plus rampant, de plus pauvre, de plus nu, de plus sincère : — le chien.

De plus superbe, de plus haut, de plus étoffé, de plus chamarré, de plus regardé, de plus escorté : — l'évêque.

Médor et monseigneur.

Notez bien que rien n'empêchait l'auteur du proverbe de choisir un général.

Non; il a préféré l'évêque, dont le costume lui a paru plus exorbitant.

Ensuite, cela posé, il a affirmé pour le chien le droit suprême de regarder face à face le prélat.

Et tant qu'il y aura sur terre des évêques et des chiens, ceux-ci auront éternellement le droit de regarder ceux-là.

Puérile satisfaction !

Le véritable progrès serait de forcer les évêques à regarder un peu plus les chiens.

Cependant la procession s'était peu à peu remise de son émoi.

Un suisse aussi majestueux que Louis XIV, et dont un resplendissant baudrier barrait tout le ventre, avait croisé sa pique contre le chien malappris, — lequel avait été immédiatement appréhendé au col par des agents de l'autorité et conduit en fourrière, ce qui est la prison des toutous.

Cela prouve que si l'on peut regarder un évêque, ce n'est pas toujours impunément.

Le pieux cortége reprit alors sa marche autour de l'église, — car on sait qu'à Paris il est enjoint au clergé de se renfermer dans cette limite.

Mais il était écrit que la procession devait, ce jour-là, essuyer une seconde avanie.

Au tournant extérieur du chœur, une espèce de mendiant, de porte-besace, se tenait négligemment adossé à une colonne. On avait fait inutilement plusieurs efforts pour le déloger de là. Le Thomas Vireloque n'avait pas la physionomie commode et prétendait garder sa place au grand air.

Il regarda venir à lui ce flot humain, qui chatoyait et qui chantait; — et une grimace égaya pour une minute les broussailles de sa face.

Le dais magnifique effleura le mendiant, au point de lui faire sentir le vent des quatre panaches. L'évêque, distribuant sa bénédiction devant lui, passa, resplen-

dissant — mais ayant eu le temps d'entendre ces mots murmurés par le mendiant :
— *Crosse d'or, évêque de bois!*
Un autre proverbe.

## VIII

## DANS LE SILENCE DU CABINET

Un Député, *seul.*

Il achève de lire une lettre qu'il vient de recevoir de ses électeurs.

« ..... *Ceux qui vous ont nommé comptent sur vous.*
» *Il est temps de tenir ce que vous avez promis.* »

Ah ! c'est vrai, j'ai promis beaucoup de choses ; ce n'est pas le plus beau de mon affaire !

« *D'importantes séances se préparent ; vous ne*
» *pouvez faillir à votre mandat.* »

Et qui est-ce qui pense à y faillir, mes braves clients ? Dormez sur vos vingt-deux mille quatre cent quarante-deux oreilles (à 11,221 suffrages, cela fait le compte, n'est-ce pas ?) et laissez-moi tranquille !

« *Le parti conservateur manque de bras : la société*
» *se désorganise de toutes parts. Il y a une place à*
» *prendre à la Chambre. Levez-vous et parlez !* »

Parlez ! parlez ! cela leur est bien facile à dire. Ne croirait-on pas qu'il n'y a qu'à ouvrir la bouche ? (*Il froisse la lettre et la jette loin de lui.*) Hélas ! ils ne savent pas où le bât me blesse. Le don de l'éloquence m'a été refusé. (*Avec amertume.*) Complétement refusé. Après plusieurs années consacrées à l'étude des grands modèles, j'ai dû reconnaître que je n'avais pas le signe. — Fatalité ! — J'écris assez bien, je peux l'avouer sans fatuité: j'ai quelquefois envoyé à la Revue de mon département des articles qui ont été remarqués. Mais je ne peux par parler plus de cinq minutes sans me troubler et perdre le fil de mes idées.

Ma prononciation elle-même est tout à fait défectueuse, je suis forcé d'en convenir. C'est un mélange de picard et d'auvergnat, — singulier à ce point qu'un sténographe trop consciencieux a livré à son journal le début d'une de mes courtes harangues tel qu'il était parvenu à son oreille : *Méchieux et hounourables coinfrères...*

Que voulez-vous devenir après cela ?

J'ai vainement essayé des procédés de Démosthènes; comme lui, je me suis gargarisé avec des cailloux, — j'en ai même avalé deux ou trois. Cela a été absolument inutile.

Mes chers commettants, si en me nommant vous avez compté sur un orateur, vous pouvez vous fouiller.

Tout ce que je peux essayer de faire pour vous, c'est d'être un interrupteur.

Cela vous va-t-il?

Je veux bien me résoudre à ce rôle, qui n'a que le brillant de l'éclair.

Je ne sais pas parler, j'empêcherai ceux qui parlent. Je ne sais pas persuader, je crierai.

Il y a des interrupteurs célèbres. Il y a eu M. de Boissy, qui chevauchait le dada de l'Angleterre ; il y a eu M. de Piré, dont les exclamations d'étonnement avaient bien leur valeur. M. de Boissy est mort, le marquis de Piré est je ne sais où.

Il y a eu aussi Glais-Bizoin. Glais-Bizoin serait assez mon type. Il était maigre comme un clou, je suis maigre également. Il se démenait sur son banc et jaillissait comme un diable du fond d'une boîte à ressort ; je me démènerai et je jaillirai.

Vous avez raison, il y a une place à prendre à la Chambre. Mais il faut que je me hâte : quelqu'un pourrait bien la prendre avant moi.

L'interruption est un art; j'y veux devenir maître.

J'étudierai l'interruption dans toutes ses variétés, qui sont innombrables.

L'interruption courante : *Pourquoi pas ? En êtes-vous bien sûr ?... Qui vous l'a dit ? C'est ce que nous verrons !* On la jette de sa place, rapidement, le visage tourné aux trois quarts vers la tribune.

L'interruption fine, railleuse, érudite même : *Ils sont trop verts !... Nous l'irons dire à Rome... Qui trompe-t-on ici ?... Sic transit gloria mundi... Vous êtes orfévre, monsieur Josse.* — Elle doit être *envoyée* adroitement, en clignant des yeux, avec un sourire. Les délicats l'accueillent avec un murmure d'approbation.

L'interruption sévère : *Nous avons cessé de vous croire..... Assez de compromis.... Le pays nous regarde.... Il est temps que les masques tombent !* — Ici, il est nécessaire d'enfler la voix. On peut ne pas se lever de sa place. Un grand air de hauteur.

L'interruption fougueuse : *Osez-le donc !..... Nommez-le !..... Nous vous en défions !..... C'est une calomnie !* — Là, on doit se lever, c'est indispensable, ou plutôt se dresser, le bras étendu, l'œil étincelant.

L'interruption indignée, exaspérée, apoplectique : *Vous en êtes un autre !..... A l'ordre !..... Vous ne me le diriez pas en face !.. .. Et le pétrole !..... Prenez garde à vous !* — Crescendo, vacarme. C'est le moment de bondir, d'escalader les bancs, de se précipiter jusqu'au pied de la tribune, de se livrer à la pantomime la plus désordonnée, de montrer le poing à l'orateur. Triomphe de l'interruption !

Quelque chose me dit que je serai beau dans ce rôle.

(*Il s'est exalté à ces tableaux. Il ôte sa cravate, passe ses doigts dans ses cheveux et se place devant sa glace*).

Essayons quelques poses d'interrupteur.
Essayons aussi quelques cris d'interrupteur. (*Il tonne, il mugit, il éclate, il proteste, il accuse, il condamne, il flétrit, il écrase, il foudroie.*)

✦<br>✦ ✦

Au bruit que fait le député, madame accourt tout effarée.

Madame. — Qu'est-ce que tu as, mon ami ? Que t'arrive-t-il ? J'ai cru que le feu était à la maison !

Le Député, *s'exaltant de plus en plus*. — Le feu, oui, c'est vous qui mettez journellement le feu aux quatre coins de l'Europe avec vos détestables doctrines !

Madame. — Comme te voilà fait ! Les yeux te sortent de la tête. Pourquoi crier ainsi ?

Le Député. — N'avons-nous pas le droit de crier à l'aide, alors que l'anarchie se dresse de tous côtés autour de nous ?

Madame. — Où ça, l'anarchie ? Es-tu fou ?

Le Député. — La folie est de votre côté, démagogues et radicaux !

Madame. — Tu veux donc te faire enfermer ?

Le Député. — Je vous enfermerai auparavant, vous autres, dans vos cercles vicieux !

Madame. — Calme-toi, Prosper.

Le Député. — Le calme serait une faute, en présence de vos violences !

Madame. — Je ne te reconnais plus, en vérité ; tu me fais peur, mon ami.

Le Député. — Vrai ?

Madame. — Comme tu as chaud ! Est-il possible de se mettre dans des états pareils ?

Le Député, *s'essuyant le front*. — Que veux-tu ? il faut bien s'entrainer.

Madame. — Mais que fais-tu ainsi ?

Le Député. — Tu le vois, j'interromps.

Madame. — Qui ?

Le Député. — L'Assemblée. C'est une répétition..... dans le silence du cabinet.

Quelque temps après. En province, dans un café. Les habitués lisent un journal de Paris.

— Quel gaillard que notre député !

— Comme il leur dit leur fait à tous !

— Faut-il qu'il en ait, des poumons !

— Quand je disais que c'était l'homme qu'il nous fallait !

— Il ne procède pas par longs discours, mais comme c'est tapé !

— Quelle conviction!
— Quel esprit d'à-propos!
— Quelle chaleur!
— Et quelle belle place il a su prendre à la Chambre!

## IX

## AUTRE SOUS-PRÉFET

―

*Mon plus beau songe, je l'ai fait
A vouloir être sous-préfet.
        Billevesées !
Toutes mes nuits d'adolescent,
A rêver ce rêve innocent
        Se sont usées.*


*Je ne voyais rien d'engageant
Comme ce frac brodé d'argent
        Et cette épée
Qui me gêne tant pour m'asseoir...
Et j'en avais matin et soir
        L'âme occupée.*

*A ce rôle auguste et sacré*
*Je m'étais longtemps préparé*
    *Par des études*
*Extraordinaires; Judic*
*Me reconnaissait quelque chic,*
    *En ces temps rudes.*


*Aujourd'hui, je suis tout à fait,*
*De la tête aux pieds, sous-préfet.*
    *Quand je me lève,*
*Je circule tout éveillé*
*A travers mon rêve étoilé...*
    *Le fichu rêve!*


*On m'a là-bas expédié*
*Chez des sauvages, sacredié!*
    *(Qu'en dis-tu, Jeanne?)*
*Dans un village des plus laids,*
*Qu'on chercherait en vain sur les*
    *Guides-Joanne.*


*Avant de partir pour ce trou,*
*Tante m'a mis autour du cou*
    *Une médaille;*
*Et mon cousin de Graveson*
*M'a dit : « Pense à notre blason,*
    » Vaille que vaille!*

» *Sois très prudent dans ton état ;*
» *Concède au prolétariat*
  » *Quelques grimaces.*
» *Ce n'est pas tout d'être joli,*
» *Gontran, il faut être poli*
  » *Avec les masses !* »


*Il est bon là, mon cher parent,*
*S'il croit être dans le courant,*
  *Avec sa crainte !*
*Il changerait vite de ton,*
*En apprenant dans mon canton*
  *Comme on m'éreinte !*


*Le premier jour, maint polisson*
*M'a salué par la chanson :*
  *Il est en pierre !*
*Et le soir, j'ai vu des gros sous*
*Tomber, lancés par des voyous,*
  *Dans ma soupière.*


*Je suis tous les jours empoigné*
*Dans un organe très soigné,*
  *L'Argus des Alpes.*
*O journaliste, sans détour,*
*Qu'est-ce que je t'ai donc fait pour*
  *Que tu me scalpes ?*

*Récemment, j'ai voulu donner,*
*Comme il convient, un grand dîner*
    *A mes notables;*
*Et, dans mes projets insensés,*
*Je croyais n'avoir point assez*
    *D'une ou deux tables.*


*Superbe, mon menu! Combien*
*Sont-ils venus? Cherchez. — Eh bien!*
    *Une cohorte ?*
*— Le seul notaire de l'endroit...*
*Encor s'était-il (on le croit)*
    *Trompé de porte.*

# X

## SUICIDE

Je ne serais pas étonné outre mesure de lire, un de ces matins, dans les faits-Paris des journaux.

« On a repêché hier dans la Seine, à la hauteur de Billancourt, le cadavre d'un homme fort proprement vêtu. Les papiers trouvés sur lui l'ont fait reconnaître pour M. X..., représentant du département du..., récemment invalidé.

» Une lettre adressée au commissaire de police contenait ces simples mots : *Qu'on n'accuse personne de ma mort; je quitte volontairement ce monde où je ne peux vivre avec l'idée d'être invalidé.*

» Le cadavre de M. X... a été immédiatement transporté à son domicile.

» A demain, des détails plus circonstanciés.

» Voici de nouveaux détails sur le drame de Billancourt :

» M. X... avait disparu le jour même de son invalidation. Le vote de la Chambre l'avait frappé dans ses ambitions les plus chères. A partir de ce moment on ne l'a plus revu chez lui, ni dans aucun des endroits qu'il avait coutume de fréquenter. On a su plus tard qu'il avait erré plusieurs jours au hasard dans Paris, s'encourageant et se fortifiant dans sa funeste résolution, — ainsi qu'en témoigne un carnet sur lequel la enregistré ses dernières impressions.

» Nous avons été *assez heureux* pour nous procurer quelques extraits de cet intéressant carnet; c'est une *bonne fortune* que nous n'osions espérer, — quoique nos lecteurs sachent depuis longtemps que nous ne reculons devant aucun sacrifice pour être toujours les premiers et les mieux informés.

» .... Nous prévenons charitablement ceux de nos confrères qui voudront reproduire tout ou partie de ces fragments qu'ils sont tenus, aux termes de la loi, a indiquer la source où ils les ont puisés. »

## DERNIÈRES PENSÉES D'UN INVALIDÉ

*Lundi, 5 heures du soir.* — C'en est fait; tout est consommé. Ils ont brisé ma carrière politique !

Quelle séance ! Jamais, depuis Boissy d'Anglas peut-être (la gravure est dans ma chambre à coucher), on n'avait entendu pareil vacarme.

Mes adversaires ont été impitoyables... Avec quels raffinements de cruauté ce rapporteur a fouillé dans ma vie ! Où diable a-t-il pu se procurer tant de renseignements ? et parfaitement exacts, c'est ce qu'il y a de plus renversant !

Ce que j'ai souffert pendant ces deux heures est inimaginable; j'aurais préféré être ramené à l'ancienne question du chevalet ou des brodequins.

J'ai bien essayé de répondre, mais, il faut l'avouer, je ne suis pas de force... J'ai dû courber la tête sous l'ouragan... Puis, je me suis enfui, en entendant retentir ce mot à mes oreilles : — Invalidé !

Je ne rentrerai pas chez moi.

De quel front aborderais-je ma femme ? Comment pourrais-je m'y prendre pour apprendre à Herminie l'horrible nouvelle ?

Je l'entends me dire : « Mais tu n'as donc pas su

leur parler ? Tu n'as donc pas su leur dire leur fait ? Tu n'as donc ni sang ni moelle ? Ah ! si j'avais été à ta place ! »

Ma femme me cause encore plus d'effroi que le rapporteur. Elle ne me pardonnera jamais mon échec. La vie avec elle, qui n'avait été jusqu'à présent qu'un purgatoire, deviendra désormais un enfer. Je n'avais pas beaucoup de prestige à ses yeux, je n'en aurai plus du tout. Je serai moins pour elle que la poussière de ses bottines. Elle me comparera sans cesse au député républicain...

Non, je ne rentrerai pas chez moi... Demain, plus tard, nous verrons... Pour le moment, j'ai besoin de locomotion. Il faut que je marche, que je prenne l'air... J'étouffe !

*Invalidation ! invalidation !*
*Leur seule passion ! leur seule passion !*

*Même jour, huit heures du soir.* — Je viens d'entrer dans un café pour lire les journaux du soir.

O ma tête ! ma tête !

J'y suis passé au crible de toutes les plaisanteries. Ce

sont des variations à n'en plus finir sur le motif célèbre : *Bon voyage, monsieur Dumollet !*

Encore si j'avais pour supporter ma disgrâce un caractère aussi fermement trempé que celui du duc de la Rochefoucauld-Bisaccia !

Mais non, je suis faible, très faible; Herminie le sait bien...

*Mardi, dix heures du matin.* — Hier soir, après minuit, je me suis trouvé, je ne sais comment, aux environs de la gare Montparnasse. Seulement alors, je me suis aperçu que toutes les boutiques étaient fermées. J'ai été frapper à un hôtel garni, le premier venu, — où l'on m'a fait attendre longtemps avant d'ouvrir.

Là, un garçon m'a demandé mon nom pour l'inscrire sur le registre, selon l'usage.

Mon nom ! Livrer mon nom, devenu un synonyme de ridicule ! j'aurais trop craint que le garçon se prît à sourire.

J'ai donné celui du frère de ma femme.

Inutile de dire que je n'ai pas fermé l'œil un seul instant.

Le garçon qui s'était montré curieux de mon nom, après s'être enquis si je *n'avais besoin de rien*, a ajouté d'un air qui m'a semblé narquois, — à tort peut-être :

— Monsieur veut-il qu'on le réveille de bonne heure ?

Monsieur prend-il le premier train pour Versailles?

Le train de Versailles! Ironie!
Il n'en est plus pour moi!

✧✧✧

Voyons, qu'est-ce qu'on me reproche après tout?
Quelques espiègleries, quelques peccadilles, des bulletins substitués à d'autres? Mais cela s'est fait dans tous les temps. On n'a pas idée d'un pareil rigorisme.

Et puis quoi? Je me serais peut-être rallié à la majorité, — pas tout de suite, mais bientôt, à la première occasion. J'ai tâché de le leur faire comprendre, mais leurs clameurs m'ont coupé la parole.

Cannibales!

✧✧✧

*Même jour*. — Passé cinq heures au Jardin des Plantes, sur un banc.
Comme l'air était pur! Comme le ciel était beau!
Un singe — de la grande espèce — m'a regardé avec compassion.

Il est donc vrai qu'il y a des bêtes plus sensibles que les hommes!

Lui aussi, ce singe, est un candidat à l'humanité, — invalidé par elle...

Un gardien est venu m'avertir qu'on allait fermer.

✧ ✧
✧

Il vaut mieux en finir une fois pour toutes.

Ma place n'est pas dans cette société nouvelle, qui ne me comprend pas.

. . . . . . . . . . . . . . . .

Fin des *Dernières Pensées d'un Invalidé*.

## XI

## LE CANU

La misère des ouvriers lyonnais est un fait malheureusement périodique. A toutes les époques, les pauvres ouvriers *canus* (véritable orthographe), « taffetaquiers et satinaires », ont exhalé leurs doléances en prose et en vers, — ainsi que le témoigne cette vieille chanson que j'ai souvent entendu fredonner à la Croix-Rousse, à Saint-Paul, à Saint-Just :

> Un canu, qu'un temps de disette
> Forçait à chanter tous les jours,
> Disait à sa chère navette,
> Objet de ses tendres amours :
> La meurte, hélas ! a remplacé la presse
> Où ton secours vint relustrer mon bras;
> Et aujourd'hui que nous n'ont plus de presse,
> Bambanne-toi, mais ne t'enrouille pas !

Les *canus*, qui forment une population dans la population de Lyon, sont en temps normal les gens les plus gais du monde, avec beaucoup d'esprit naturel.

Voulez-vous connaître l'histoire de l'un d'eux, qui est, à peu de chose près, l'histoire de tous ? Jirome Roquet, dit *Tampias*, va vous renseigner dans son jargon naïf, — un patois très coloré, une mosaïque d'argot et de néologismes à dérouter Francisque Michel lui-même.

Mais ce qu'il est impossible de faire passer sur le papier, c'est l'accent *canu* qui accompagne ce patois, accent traînard, plein d'inflexions doucereuses, câlines, hypocrites même ; avec des *ô* et des *à* démesurément circonflexes : une *sâlle*, une *tâble* : puis, des terminaisons vives dans le goût bordelais.

Jirome Roquet est un ouvrier en soie depuis l'enfance. Rien de particulier jusqu'au temps de ses amours.

« J'etais napprenti cheux le père Bigalet, taffetaquier, rue de Bourdy, en bas de Gorguillon. Sa fille, Josette Barnadine, travaillait à côté de moi ; elle m'avait montré d'abord ce que fallait faire sur mon mequier, et, pour recompense, je li faisais souvent des cânettes, quand alle en chômait ; petit z'à petit, je sentis un feu que me delavorai depuis la râtelle jusqu'aux clapottons ; plus je l'arregardais, plus ça chauffait. »

Voilà l'exposition.

Un de ses compagnons, Joset Lacoca, ne tarde pas à s'apercevoir de son déplorable état.

— Petit, lui dit-il, t'esse amoureux; il faut le déclarer au père Bigalet.
— Ma tumudité ne me parmet pas, répond Jirome.
— Eh bien, j'i dirai, moi;
— Non, te bousillerais l'ouvrage.

Le lendemain, Jirome tombe malade. Le médecin au rapport dit : « L'amour a arrapé ce t'enfant, i faut li faire avouer. »

Père Bigalet monte alors à la *seuspente* de Jirome et le presse de questions; celui-ci finit par lui répondre :
— Ce sont les agnolets de la Barnadine qu'aviont estiqué dans me n'âme...

Père Bigalet est un bonhomme. Il hoche la tête
— J'ai quesquionné la Barnadine, dit-il; i n'en esr rézeurté que son cœur a reçu de tien une zogne amoureuse.

Et il ajoute, après une prise de tabac longuement savourée :
— Nous vont vous marier; ma fille est bien encore mineuse : mais nous la manciperons.

Les noces de Jirome Roquet, dit *Tampias*, et de Josette Barnadine Bigalet ont lieu à la Trinité. Ah! quelles noces !

Quelles noces et quel dîner !

« Nous mangimes de pain, de radisse, de petits potets de soupe qu'etait douce comme de melasse, et pis de matefins tramés de bugnes. Y avait aussi de z'harengs et de fiageoles. »

Mais, avant le dîner, il y avait eu le sermon du curé, et ce sermon est un rare morceau d'éloquence. Jugez-en :

« Mes chères barbis,

» Vous allé être runis pour toute la durance de la vie de l'un ou de l'autre; c'est z'en présence de bon Guieu d'Abram, d'Izaque et de Jacôt que vous allez vous jurer z'une foi aternelle... Je dois vous rappeler z'ici les premières paroles memorables du criateur : *Cressé et meurtiplié!* Çà veut dire que vous n'aurez de z'enfants, que vous n'en ferez d'abord de canequiers, et puis z'après de compagnons qui seront z'un jour le gloire de la fabrique de Lyon.

» Que jamais, de grand jamais, l'abominable ardutaire ne vienne ennuager les jours serins de votre menage. Vous, maris, cheffes de la maison, ne soyez pas trop prompts à vous effaroucher au moindre sousson sur la vretu de vos femmes ; ce sesque faible et sensible a besoin de soutien : appuyez-le donc de toutes vos feurces.

» Et vous, mes chères barbis, que l'eur ni les presents ne vous séduisiont jamais; préfèrez-moi une pauvreté honoreuse à une aisance débaucheuse... »

Une fois mariés, Jirome et Barnadine retournent à leur métier.

« C'était un espetacle chermant de voir marcher notre boutique. Le bruit des contrepoids; le sifflage des navettes, le roulement des rouets et des ordissoirs, le babillage des compagnons, des compagnonnes et des apprentis, le gongonage de la mère Bigalef, tout cà fesiont une musique agriable. »

Poésie des pauvres gens !
Et Jirome Roquet de chanter à plein gosier :

> De sa banquette,
> La Josette me fait de z'yeux
> Et moi, à mon tour, je li jette
> D'arregardement délicieux,
> De ma banquette !

> Sus ma banquette
> Je suis souvent en revation.
> C'est toujours elle, la Josette,
> Que cause mes perpitations
> Sus ma banquette !

Ce sont les temps heureux.
Mais ces temps-là sont de courte durée; vient le chômage, vient la faillite, vient la ruine. Jirome Ro-

quet demeure des journées entières les yeux fixés sur son métier silencieux...

Josette Barnadine pleure auprès d'un nourrisson.

Et puis, un jour, la Josette Barnadine ne s'avise-t-elle pas de se laisser mourir !

« Ce coup terrible m'a dépontellé, — raconte Jirome, — et laissé une noircissure dans l'âme, que je ne sais plus ce que je n'en deviens ; un sarpent verineux me biche les pormons. »

Il trouve des accents touchants pour décrire l'enterrement de sa femme.

« Nous la fûmes conduire à la Madeleine, comme elle l'avait demandé. Su sa châsse on avait mis une navette, un peigne de cinquante portées, et trente canettes de soie noire pour marquer qu'on était en deuil et qu'elle avait trente ans à l'ami mars. Les maîtres-gardes étaient autour du corps, les maîtres ouvriers à la suite. Les compagnons et les cannequiers portiont des battants cassés et des peignes de tirelle tout embrouillés, en marques de chagrin et d'ennui.

» Moi, j'étais à la queue, et quand elle fut depescée dans le trancanoir des morts, j'intardis le silence et je dis, les chelus tout en n'huilés de larmes : — Adieu, ma chère Barnadine, pauvre petit méquier tout neufe garni de si jolis z'harnais! Adieu; rappelle-toi ton Jirome! Va, nous nous retrouverons dans ce t'autre boutique; oye soin de tenir la tête à la luquerne pour m'y voir arriver... »

Ce n'est pas tout.
L'image de sa femme poursuit continuellement le pauvre Jirome :

« La nuit, je me roule dans mon lit, tantôt à grabotton, tantôt à bouchon, sans pouvoir quasi deurmi. Je revois me n'épouse, je vas pour la suivre, pour embrasser ce t'ombre enchanteuse; mais tout d'un coup une moye de fumée fait escanner de ma vue. Comme le pauvre loup de poivre je tâtonne à borgnon, je m'égare dans un abirinthe où j'entends des réjouissances paradinales..... J'arrive à la porte de paradis, je veux y rentrer, mais ce bibon de saint Pierre me cogne un coup de son manillon de clefs su le nez. La douleur me réveille et je me trouve au milieu de ma boutique, le groin contre mon rouleau que m'a cabossé le nez. Alors je m'aperçois que tout ça est à derire, et je retombe dans les regrets et les pleurs.

» Ah! comment ne pas regretter une parfaiture semblable !... »

Encore quelques années, et Jirome Roquet rejoint la Barnadine au tombeau.

Jirome Roquet, dit *Tampias,* est un type populaire à Lyon.

C'est l'ouvrier *canu* par excellence.

A ce titre, j'ai voulu le faire connaître à mes lecteurs de Paris.

Comme on est toujours le fils de quelqu'un, ainsi que le fait judicieusement observer le magistrat Brid'oison, — Jirôme Roquet a été créé et mis au monde vers les premières années de ce siècle par M. Etienne Blanc, un Lyonnais de la vieille roche, ancien tambour des armées républicaines sous le général en chef Bonaparte.

## XII

## LE DÉPUTÉ ET LE COIFFEUR

Le Député (*de la Droite*). — On a sonné, je crois.

La Bonne, *entrant*. — Monsieur, c'est votre coiffeur.

Le Député. — Faites entrer.

Le Coiffeur. — Monsieur, j'ai bien l'honneur...

Le Député. — Ah! c'est vous, monsieur... je ne me souviens jamais de votre nom.

Le Coiffeur. — Louis.

Le Député. — Eh bien! monsieur Louis, dépêchons-nous, s'il vous plaît; mes minutes sont comptées.

Le Coiffeur. — Je vous en demande dix à peine, monsieur le député. Veuillez vous asseoir là. (*Il lui attache la serviette autour du cou.*)

Le Député. — Oh! vous serrez trop fort!

Le Coiffeur. — Je ne m'en apercevais pas. Désirez-vous de l'eau froide ou de l'eau chaude?

Le Député. — De l'eau froide... tout ce qu'il y a de plus froid. Je suis un Spartiate. Et cependant on nous traite de jouisseurs !

Le Coiffeur. — Calomnie !

Le Député. — N'est-ce pas ?

Le Coiffeur. — Pure calomnie ! (*Il commence à le savonner.*)

Le Député, *faisant la grimace*. — Diable ! Toute réflexion faite, donnez-moi de l'eau tiède.

Le Coiffeur. — A votre aise.

Le Député. — A propos, monsieur Louis ?

Le Coiffeur. — Monsieur le député ?

Le Député. — Avez-vous profité des deux places de tribune que je vous ai données hier ?

Le Coiffeur. — Certainement, monsieur le député. Je suis allé à Versailles avec ma belle-sœur. Nous étions très bien placés ; je vous en remercie. (*Il commence à le raser.*)

Le Député. — Une chaude séance, hein ?

Le Coiffeur. — Très-chaude... La tête un peu de côté.

Le Député. — Et comme la Droite a donné !

Le Coiffeur. — La Gauche aussi.

Le Député. — Oh ! mollement, bien plus mollement... Nous l'emportons en chaleur et en conviction. Aïe !

Le Coiffeur. — Qu'avez-vous ?

Le Député. — Vous m'avez coupé.
Le Coiffeur. — Je ne crois pas.
Le Député. — Si fait! je le sens bien.
Le Coiffeur. — Cela ne se voit pas.
Le Député, *avec humeur*. — Faites attention. *(Silence.)*

Le Coiffeur. — Monsieur le député me faisait l'honneur de me parler de la séance d'hier...

Le Député. — Ah!... oui... Avez-vous entendu mes deux interpellations?

Le Coiffeur. — Qui vous ont fait rappeler à l'ordre. Parfaitement.

Le Député. — La première....

Le Coiffeur. — Ouvrez la bouche.

Le Député. — C'est lorsque l'orateur, outrepassant toutes les libertés de la tribune, a tenté de déverser l'outrage sur le parti auquel je m'honore d'appartenir. Alors, je me suis levé de ma place, comme mû par un ressort, et je me suis écrié...

Le Coiffeur. — Fermez la bouche.

Le Député. — Je me suis écrié : « *C'est infect!* »

Le Coiffeur. — Tout le monde a dit : A la porte!

Le Député. — C'est bien possible... dans la mêlée! Mais je ne me suis pas laissé intimider par les clameurs. Je me vois encore debout et frémissant... « *C'est infect!* »

Le Coiffeur. — Levez le menton.

Le Député. — Il me semble que l'*in extenso* n'a pas suffisamment insisté sur mon attitude.

Le Coiffeur. — Il est si mal rédigé.

Le Député. — Ma seconde interpellation a bien eu son opportunité, elle aussi.

Le Coiffeur. — Certes!

Le Député. — Elle avait peut-être un caractère plus énergique que la première.

Le Coiffeur. — Heu! heu!

Le Député. — Vous vous en souvenez... L'orateur des gauches avait comblé la mesure. J'étais hors de moi, je ne me possédais plus. Tout à coup, je descendis de mon banc et je vins me poser au pied de la tribune. Là, m'adressant fièrement à l'orateur, je lui dis : « *Vous en êtes un autre !* »

Le Coiffeur. — C'était grave!

Le Député. — Et je lui montrai le poing par deux fois.

Le Coiffeur. — On vous a crié alors : Allez vous coucher!

Le Député. — Non, allez vous cacher.

Le Coiffeur. — Cacher ou coucher...

Le Député. — Ce n'est pas la même chose.

Le Coiffeur. — Bah!

Le Député. — Mais non... Aïe!

Le Coiffeur. — Qu'est-ce que c'est?

Le Député. — Le rasoir, parbleu!

Le Coiffeur. — Le rasoir?

Le Député. — Il vient d'entrer dans la chair. Que le diable vous enlève!

Le Coiffeur. — C'est singulier! Un rasoir tout neuf. Mais aussi, monsieur le député, je vous ferai observer que vous remuez constamment.

Le Député. — Allons, c'est bien ; je vais m'immobiliser. Continuez. Est-ce que cela saigne beaucoup ?

Le Coiffeur. — Pas du tout !

Le Député. — Sapristi ! cela me cuit cependant ! (*Un silence.*)

Le Coiffeur. — ... Et puis, c'est que vous avez la barbe d'un dur !

Le Député. — C'est vrai. J'ai quelquefois eu l'envie de la laisser pousser... mais l'idée que je pourrais ressembler à un démocrate m'a toujours arrêté.

Le Coiffeur. — Il y a des démocrates rasés.

Le Député. — Laissez donc !

Le Coiffeur. — Et parfaitement rasés... j'en sais quelque chose : il m'en est passé beaucoup par les mains.

Le Député. — Vous voulez rire... Ils ressemblent tous à des ermites ou à des sachems. Et puis, si hérissés, si ébouriffés...

Le Coiffeur. — A moins qu'ils ne soient chauves.

Le Député. — S'il n'y avait que ces gens-là pour faire la fortune des coiffeurs !

Le Coiffeur. — Nous nous contentons de peu, monsieur le député.

Le Député. — Enfin, convenez que vous étiez bien plus heureux sous l'empire ?

Le Coiffeur, *s'interrompant de raser*. — Plaît-il ?

Le Député. — Allez donc, mon ami, je suis pressé, je vous l'ai déjà dit.

Le Coiffeur. — Monsieur le député ne m'a jamais fait l'honneur de me regarder en face. Sans cela, il se serait peut-être aperçu que je n'ai guère plus de vingt-huit ans.

Le Député. — Eh bien?

Le Coiffeur. — Eh bien! cela prouve que je ne connais des douceurs de l'empire que les horreurs de la guerre.

Le Député, *inquiet*. — Vraiment!... veillez à votre rasoir.

Le Coiffeur. — Mon père a été tué par les Prussiens... Moi, je suis resté six mois dans les prisons d'Allemagne.

Le Député. — N'allez pas si vite, je vous en prie... Ne me rasez pas de trop près.

Le Coiffeur. — Pourquoi donc cela, monsieur le député?

Le Député. — Pas de trop près, je vous le répète, monsieur Louis.

Le Coiffeur. — A la marseillaise, morbleu! à la marseillaise!

Le Député. — Non, pas de *Marseillaise!* *(A part.)* O Marceau!

Le Coiffeur, *continuant de raser avec rage*. — Ne faites donc pas l'enfant, monsieur le député.

Le Député. — Prenez garde! *(Silence.)*

⁂

Le Coiffeur. — Voilà qui est fait.

Le Député. *se levant.* — Merci. *(Allant se regarder dans une glace. Froidement.)* Monsieur, vous m'avez coupé trois fois.

Le Coiffeur. — En êtes-vous bien sûr?

Le Député. — Regardez plutôt. Vous m'avez coupé trois fois, entendez-vous?

Le Coiffeur. — En trois endroits différents, monsieur le député; remarquez-le bien. Pourquoi n'êtes-vous pas resté tranquille? Rester tranquille, tout est là, monsieur le député.

Le Député. — Demain, vous m'enverrez un autre garçon.

## XIII

### LE NOUVEAU DÉCORÉ

Comment se fait-il qu'au temps des *physiologies*, celle du *Nouveau Décoré* n'ait pas tenté la plume d'un Louis Huart ou d'un Charles Philippon ?

Il y a là une étude à faire, ou, sinon une étude, au moins un croquis.

On arriverait à quelque chose de souriant et d'inoffensif en songeant seulement à Gavarni.

Le jour de la nomination au grade de chevalier de la Légion d'honneur est classé dans la série des *plus beaux jours de la vie.*

C'est le premier degré — et le plus difficile à atteindre — dans la voie des honneurs.

Le reste va tout seul.

A de très rares exceptions près, le nouveau décoré peut donc être considéré comme un homme parfaitement heureux.

※

Après avoir constaté sa nomination au *Journal officiel,* le nouveau décoré n'a rien de plus pressé que d'envoyer chercher une petite boîte de rubans rouges.

Mais il est rare que sa domestique s'acquitte avec intelligence de cette commission. — Il décide donc qu'il s'en chargera lui-même.

En conséquence, il se dirige vers les galeries du Palais-Royal; il entre, le front levé, dans un de ces magasins étincelants où, sur des coussins de velours, s'étalent des plaques de pierreries, des crachats de diamants, des croix de toutes les dimensions, — éblouissants spécimens de tous les ordres de la terre.

Que de fois ne s'était-il pas arrêté en contemplation devant ces vitrines incandescentes ! avec quels regards d'envie n'avait-il pas plongé dans ce pêle-mêle féerique !

Aujourd'hui, le voilà qui, comme Ruy Blas, « marche, lui vivant, dans son rêve étoilé » !

— Madame, dit-il en écoutant sa propre voix avec ravissement, voulez-vous me montrer des rubans de la Légion d'honneur?

— Volontiers, monsieur, lui répond la marchande, qui lui semble belle comme un astre.

Et elle vide devant lui tout un assortiment.

— Voici des nœuds à deux pointes et à trois pointes, dit-elle... en voici de gracieux, de sévères, de négligés, de chiffonnés, de tortillés... en voici de larges... et de presque imperceptibles...

Si le nouveau décoré n'écoutait que son goût, il choisirait le plus large; mais il n'ose.

La marchande ajoute de son chant de sirène :

— Nous en avons d'autres en imitation de corail, à l'usage des gens économes... on les nettoie avec une petite brosse, et ils durent toute la vie.

Toute la vie !

Le nouveau décoré est long à faire son choix.

Il n'en finit pas.

Pourtant il s'arrête à une douzaine de rubans variés.

— C'est trois francs soixante centimes, lui dit la marchande.

Il estime que cela est pour rien. Trente centimes le bout de ruban ! Et il paye avec enthousiasme.

Puis, solennellement, il s'en plante un sur le revers gauche de son habit.

Pas sur le revers droit ! Cela ne compterait pas.

Le première sortie du nouveau décoré ne s'accomplit pas sans une certaine émotion.

Il affecte un air indifférent qui ne trompe personne ; malgré lui, ses regards s'en vont chercher sa boutonnière, ce qui le fait affreusement loucher.

Il ne peut résister au désir de se regarder furtivement dans les glaces qu'il trouve sur son chemin.

Il sourit de sa faiblesse, car il faut admettre, — n'est-ce pas, — que le nouveau décoré est un homme intelligent, mieux que cela, un homme d'esprit.

Mais il est de son temps, de sa date, de sa société.

Une des observations porte sur le grand nombre de collègues qu'il rencontre dans la rue.

— C'est inimaginable ! murmure-t-il ; je n'avais jamais fait attention à la quantité des gens décorés qui émaillent le pavé de Paris... on ne voit que cela !

Puis, il ajoute avec humeur :

— En vérité, le gouvernement devrait être plus avare de cette faveur... on en diminue la valeur en la prodiguant.

La principale préoccupation du nouveau décoré est celle-ci.

— Pour qui me prend-on ?

Et, sans attendre la réponse, il redresse machinalement sa taille, il se cambre, il fait sonner ses talons comme s'ils avaient des éperons ; et s'il tient une canne à la main, il la fait siffler comme si c'était une cravache.

Un homme à qui personne ne s'avise de dénier l'esprit et la griffe, l'auteur des *Odeurs de Paris*, a écrit à ce sujet :

« Le même sentiment qui fait que les militaires aimeraient mieux qu'il y eût une décoration spéciale pour les civils fait aussi que les civils aiment beaucoup mieux avoir la même décoration que les militaires. Il est clair que la croix d'honneur perdra de son charme aux yeux de beaucoup de pacifiques chevaliers et d'aspirants non moins pacifiques lorsqu'elle n'aura plus ce reste de minois guerrier qui fascine les dames et les gamins.

» Dans la multitude d'adjoints, chefs de bureau, artistes, gens de lettres et autres *civils* qui défilent avec l'insigne de l'honneur, en est-il beaucoup qui soient sensibles au plaisir de laisser croire qu'ils ont attrapé leur affaire sur la Bérésina ou à Sébastopol, et qu'ils pourraient montrer leurs blessures ?... »

Pendant quinze jours au moins, le nouveau décoré est en butte aux félicitations de tous les amis qu'il rencontre.

On lui saute au cou, on l'étouffe d'embrassades, on lui disloque le bras à force de lui secouer la main.

Toutes ces démonstrations sont-elles bien loyales ?

Quelques-unes lui font faire de singulières grimaces.

Aux félicitations verbales se joignent les félicitations écrites, qui ne sont pas moins nombreuses. Le nouveau décoré est accablé de lettres, portant toutes cette suscription : « A monsieur N..., *chevalier de la Légion d'honneur.* »

La rédaction en est généralement uniforme.

C'est toujours :

« Mon cher ami,

» Je m'empresse de vous adresser mes sincères compliments au sujet de la distinction dont vous venez d'être l'objet. Jamais croix n'aura été mieux placée que sur votre poitrine, etc., etc. »

Ou bien :

« J'ouvre à l'instant mon journal et je lis votre nom parmi les nouveaux chevaliers. Il y a longtemps déjà que cette récompense vous était due. Jamais croix n'aura été mieux placée, etc., etc. »

Quelquefois, la missive affecte des formes plus familières, telles que celle-ci :

« Mon pauvre vieux,

» Eh bien ! tu y es donc passé comme les autres ! Ce n'était pas la peine, — non, pas la peine assurément, — de tant nous la faire à l'indépendance il y a quelques années. Il ne faut pas dire : Fontaine...

» C'est égal, va, je ne t'en veux pas, ma femme non

plus. — Tu peux toujours venir manger la soupe chez nous tous les mercredis. Tu es un bon enfant. Jamais croix n'aura été mieux placée, etc., etc. »

Lorsque le nouveau décoré est poli, il répond ordinairement à ces lettres.

Cela peut durer longtemps comme cela.

Si le nouveau décoré habite Paris et est né en province, il est impossible, au bout de quelque temps, qu'il résiste au désir d'aller se montrer — lui et son ruban rouge — dans son pays natal.

Il y a là des vanités de clocher à satisfaire, d'anciennes rivalités à écraser, des humiliations à racheter, des vengeances à exercer sur des imbéciles et des méchants.

Il y a souvent toute la revanche d'une jeunesse opprimée et injuriée...

Je recommande à Léonce Petit, si original et si vrai dans ses esquisses de la vie de province, ce sujet de tableau : *Retour du nouveau décoré dans ses foyers.*

Qu'il place beaucoup d'oies au seuil des portes, son dessin sera parfait.

Peu à peu, le nouveau décoré s'accoutume à porter sa croix.

Au bout d'un an, vous ne le reconnaîtriez plus.

Son allure est redevenue délibérée; il ne se regarde plus passer dans les vitres des magasins ; son ruban n'est plus renouvelé aussi fréquemment.

Il oublie même quelquefois qu'il est décoré.

Cela prouve que le *plus beau jour de la vie* se continue difficilement trois cent soixante-cinq fois.

## XIV

### LE RETOUR DU CANDIDAT

---

La place d'un village breton, un jour de marché. Grande animation. Des chevaux, des bœufs, des gendarmes. Mendiants chantant des cantiques. Plusieurs paysans, Houarn, Kado, Mériadek, causent ensemble. — Le candidat, sombre et la tête baissée, traverse lentement les groupes.

HOUARN. — Tiens! notre député qui est revenu chez nous.

KADO. — C'est vrai, dame!

MÉRIADEK. — Comme il a l'air contrarié.

KADO. — Il a quasiment la mine de notre vieux chien un jour de pluie.

HOUARN. — Ben sûr, il lui sera arrivé quelque chose de surnaturel... Ah! il nous a vus; il vient à nous.

LE CANDIDAT. — Bonjour, mes amis, bonjour.

HOUARN. — Votre serviteur, monsieur le marquis.

Mériadek. — C'est bien aimable à monsieur le marquis de revenir nous voir si tôt que ça.

Le Candidat. — Hélas !

Kado. — Monsieur le marquis vient sans doute s'informer de nos besoins. C'est pas pour dire, mais nous avons beaucoup souffert. Le commerce des bestiaux va doucement.

Le Candidat. — Vos besoins me seront toujours chers, mes amis ; mais dans ce moment il ne m'appartient pas de m'en occuper, à mon grand regret.

Kado. — Comment cela, monsieur le marquis ?

Le Candidat. — Vous ne savez donc pas la nouvelle ?

Houarn. — Quelle nouvelle ?

Mériadek. — C'est-i une autre inondation ?

Kado. — Les nouvelles sont ben longues à arriver à Plouarec.

Le Candidat. — Eh bien ! on m'a invalidé, à Paris.

Les trois Paysans. — Invalidé ?

Kado. — Quoi que ça veut dire ?

Houarn, *à Kado, à demi-voix*. — Tais-toi donc... ça veut dire renvoyé.

Le Candidat, *faisant un signe de tête affirmatif*. — Juste.

Les trois Paysans. — Oh !

Le Candidat. — Vous êtes étonnés, n'est-ce pas, mes amis ?

Mériadek. — Oui, dame !

Le Candidat. — Et indignés.

Mériadek. — Indignés, si vous voulez.

Houarn. — Ils sont donc bien difficiles là-bas ?

Kado. — Vous êtes pourtant bâti comme tout le

monde; ni trop gras, ni trop maigre. Qu'est-ce qu'il leur faut donc, à ces beaux messieurs de Paris?

Le Candidat. — C'est ce que je vous demande.

Houarn. — Et pourquoi qu'on vous a renvoyé, monsieur le marquis?

Mériadek. — Oui, pourquoi?

Le Candidat. — Pour des misères, des vétilles... On prétend que vos votes ont été influencés.....

Houarn. — Si l'on peut dire !

Le Candidat. — Que j'ai acheté vos suffrages.....

Mériadek. — Mon doux Jésus! Faut-il que le monde soit méchant !

Kado. — Enfin, on vous a cherché les puces, monsieur le marquis?

Le Candidat. — L'image n'est pas jolie, mais elle est exacte.

Mériadek. — Et l'on vous a donné vos huit jours?

Le Candidat. — Comme vous dites, mes amis.

*Passe un vieux, chantant le cantique de saint Joseph.*

Mirer choazet gant Doue
D'he vap d'ar verchez,
Bet och euz en ho pue,
Anken ha lavenez.

Ho labour en deuz maguet
Ho crouer, map Doue;
En he labour mestr ar bed
Onz hoc'h hu à senté.

*Le vieux, les yeux au ciel, va donner dans les jambes du candidat.*

Le Candidat. — Eh! prenez donc garde, mon bon homme!

Le Vieux. — *De mat de oc'h, autrou.*

Le Candidat. — S'il vous plaît?

Houarn. — C'est le vieux Yan, de Kemper.

Le Candidat. — Ah! ah!

Houarn. — Il s'est très dévoué pour votre élection.

Le Candidat. — Voilà le mal. Ç'a été trop chauffé, je le vois bien.

Yan, *au candidat*. — *Penaus ac'hanoc'hhu autrou?*

Le Candidat. — Qu'est-ce qu'il dit?

Houarn. — Vous avez donc oublié le *brezonnec*, monsieur le marquis?

Le Candidat. — Un peu, je l'avoue... J'ai si peu d'occasions à Paris de parler cette langue...

Yan. — *Ur joa vras am-eus d'he quelet.*

Le Candidat. — Quoi?

Houarn. — Il dit qu'il a beaucoup de joie à revoir monsieur le marquis.

Le Candidat. — Ah! il est bien bon... Merci, mon brave Yan, merci.

Houarn, *à demi-voix*. — Donnez-lui quelques sous.

Le Candidat. — Parfaitement. *(Il met la main à la poche. Tout à coup il pousse un cri.)* Non! non! corruption! corruption!

*(Le vieux reprend son chemin, en continuant son cantique. Les trois paysans se regardent, surpris.)*

Houarn. — Alors, monsieur le marquis, vous revenez au pays, comme ça, pour vous reposer.....

Le Candidat. — Pas du tout ! Je viens me présenter aux élections.

Kado. — A la bonne heure !

Mériadek. — Vous n'êtes pas pour rien de la Bretagne. Vous êtes têtu.

Le Candidat. — Eh oui !..... Et j'espère, mes amis, que vous m'accorderez de nouveau vos suffrages.

Houarn. — Nos suffrages? *(Ils s'entreregardent.)*

Kado. — Nos suffrages.....

Le Candidat. — Oui, vos voix, si vous comprenez mieux.

Houarn. — Oh ! nous avons ben compris tout de suite.

Mériadek. — Tout de suite.

Le Candidat. — Eh bien ?

Houarn. — Eh bien !... Est-ce que vous y tenez beaucoup, à nos suffrages, monsieur le marquis ?

Le Candidat. — Comment ! si j'y tiens !... Mais certainement.

Houarn. — C'est qu'ils ne vous ont pas porté bonheur.

Le Candidat. — Oh ! nous saurons déjouer l'intrigue, cette fois !

Kado. — Eh bien ! monsieur le marquis... dame... nous ne disons pas non..,

Mériadek. — Ni oui, non plus.

Houarn. — C'est à voir... c'est à réfléchir...

Kado. — En attendant, nous serons mieux pour causer de cette affaire au cabaret, comme il y a un mois.

Mériadek. — Kado a raison. Entrons à l'auberge du père Barnabas.

Houarn. — On s'entend tout de suite devant un pichet d'eau-de-vie.

Le Candidat. — Non! non! pas de cabaret! pas d'auberge! C'est ce qui m'a perdu!

Kado. — Hein?

Le Candidat. — Plus d'eau-de-vie! A bas le cidre! Corruption! corruption!... Il faut me renommer sans boire.

Mériadek. — Sans boire? *(Un silence.)* T'en viens-tu du côté de Pont-Croix, Houarn?

Houarn. — Me voilà, Mériadek.

Kado. — Je vous suis.

(*Les trois paysans s'éloignent, laissant le candidat à ses réflexions*).

*Passe l'imprimeur de la localité.*

L'Imprimeur. — Mes salutations, monsieur le marquis... J'ai appris votre échec immérité... Nous en sommes tous confondus, ici. De si belles affiches!

Le Candidat. — Hélas!

L'Imprimeur. — Des lettres d'un demi-pied de haut!

Le Candidat. — Que voulez-vous, la France est frappée de vertige.

L'Imprimeur. — Affolée, monsieur le marquis.

Le Candidat. — Affolée, c'est ce que je voulais dire.

L'Imprimeur. — Mais je vois avec plaisir que vous ne perdez ni temps ni courage. Vous vous représentez?

Le Candidat. — Certes!

L'Imprimeur. — Très bien. Je ferai venir de nouveaux caractères. Cela se verra jusqu'à Roscoff. Soyez tranquille.

Le Candidat. — Non! non! plus d'affiches!

L'Imprimeur. — Comment?

Le Candidat. — J'en ai trop usé. Voyez où cela m'a conduit. Plus d'affiches! plus de prospectus! Rien! rien!

L'Imprimeur. — Quoi! pas même des bulletins de vote, avec votre nom?

Le Candidat. — Si... mais tout petits.

L'Imprimeur. — Bonne chance, monsieur le marquis! (*A part, en s'éloignant*). Le pauvre homme!

*Passe le curé de la paroisse.*

Le Curé. — Ah! monsieur le marquis! Je ne m'attendais pas à l'honneur de votre rencontre. Combien je me félicite......

Le Candidat, *saisi d'effroi*. — Monsieur le curé, monsieur le curé, que me voulez-vous?

Le Curé. — Notre département sera heureux de vous revoir...

Le Candidat, *reculant*. — Monsieur le curé, on

nous regarde... vous me compromettez,.. ne me parlez pas, de grâce !

Le Curé. — Et pour ma part, croyez bien...

Le Candidat. — Laissez-moi... laissez-moi...

Le Curé. — Vous plairaît-il, monsieur le marquis, d'entrer un instant vous reposer au presbytère ?

Le Candidat. — Il ne manquerait plus que cela !... pour faire encore échouer ma candidature... J'en ai assez de votre appui !

Le Curé. — Qu'avez-vous, juste ciel ?

Le Candidat. — Passez votre chemin, monsieur le curé. *Vade retro !*

Le Curé, *à part, en s'éloignant*. — Il est fou !

*La nuit est venue. Le champ de foire s'est vidé peu à peu. Le candidat reste seul en tête-à-tête avec la lune.*

Le Candidat. — Suis-je assez purifié, ô mon Dieu ? Ai-je assez dépouillé le vieil homme et le vieux candidat ? Que me reste-t-il à faire encore ? J'ai renoncé aux manœuvres même les plus timides, aux agissements même les plus anodins. Dans quelques jours je me représenterai devant mes compatriotes, vêtu d'une robe d'une éclatante blancheur, tout ce qu'il y a de mieux comme article d'été. Assurément, ce sera un beau spectacle, — et ma réélection passera comme une lettre à la poste. Et alors, une fois à la Chambre... oh ! alors ils me le payeront ! ils me le payeront !

On entend, comme dans les mélodrames, la voix du vieux Yan chantant son cantique :

> Mirer choazet gant Douc
> D'he vap ha d'ar verc'hez...

## XV

## LE TSIGANE ET LA GRANDE DAME

Il fallait le voir se démener avec son violon, — dans une des brasseries qui avoisinent l'Exposition, — lui douzième au milieu d'un orchestre de musiciens tsiganes !

Serré dans sa tunique aux arabesques de passementerie, l'œil ardent, le teint basané, les cheveux en flamme de punch, il était superbe à contempler, surtout lorsqu'il jouait *le Beau Danube bleu*. Plus d'un regard de femme s'était souvent arrêté sur lui en ces moments-là...

Aussi ne s'étonna-t-il pas outre mesure de recevoir un jour une lettre ainsi conçue :

« Monsieur,

» Pouvez-vous venir demain, à minuit, en mon hôtel de la rue du Colisée, n°... ?

» Arrivez en costume (le collant et les bottes), et ayez votre violon.

» Il y aura quinze louis pour vous.

» Comtesse de H... »

» *P. S.* — Mon valet de pied doit me rapporter votre réponse. »

Le Tsigane sourit vaporeusement et il répondit au valet, qui s'était frayé un passage jusqu'à l'orchestre et qui attendait respectueusement, le chapeau à la main :

— *Ch'irai!*

Puis, surexcité par cette aventure, il attaqua avec une furie endiablée une grande fantaisie sur une romance hongroise dont voici le refrain :

<pre>
       Ne crains pas, ô jeune fille,
        O jeune fille, de m'enfoncer
 Tes éperons de cuivre jusque dans le cœur !
</pre>

Le lendemain, minuit sonnant, le Tsigane se présenta à l'hôtel de la rue du Colisée.

Il fut guidé par le même domestique de la veille à travers plusieurs corridors mystérieusement éclairés, — aboutissant à un merveilleux boudoir où se trouvait la comtesse, à demi couchée sur une pile de carreaux.

Arrivé là, le valet salua et se retira.

La comtesse, ayant saisi son lorgnon, le braqua sur le Tsigane.

Celui-ci laissa tomber le manteau qui le recouvrait et apparut orné de tous ses avantages.

Le collant allait à ravir, les bottes s'ouvraient en cœur au-dessous du genou. Sur la poitrine, des brandebourgs à profusion, une orgie de brandebourgs !

Il tenait son violon sous le bras, comme un autre Apollon.

L'examen assez long que la comtesse fit du Tsigane fut sans doute tout à son avantage, car elle murmura en se soulevant :

— C'est cela... c'est très bien.

De son côté, le Tsigane dévorait des yeux la grande dame, qu'il trouvait belle à souhait. En conséquence, il jugea qu'il était de bon goût de ne pas lui laisser plus longtemps prolonger les avances, — et, par un mouvement théâtral très correctement dessiné, il se précipita à ses genoux.

La comtesse eut un petit cri.

Puis elle se mit à rire.

— Ah ! madame, s'écria le Tsigane, tout à son idée ; s'il m'était permis de croire à mon bonheur !

— A quel bonheur, mon cher ?... au bonheur de venir jouer du violon dans mon appartement ? Croyez-y, si cela vous fait plaisir... Allons, relevez-vous et commencez. Vous n'êtes pas banal, du moins, ajouta-t-elle en se reprenant à rire.

— Que je commence ? répéta le Tsigane ahuri.

— Oui, ramassez votre archet.

Il obéit machinalement.

— Reprenez votre violon.
— Le voilà.
— Et disposez-vous à exécuter les meilleurs morceaux de votre répertoire.
— Volontiers, madame la comtesse.

Le Tsigane reprenait contenance peu à peu.

— Y êtes-vous ? demanda-t-elle.
— Oui.
— Adieu, dit-elle en se disposant à soulever une portière en tapisserie.
— Comment, adieu ! vous vous retirez, madame ?
— Certainement. Mais que cela ne vous empêche pas de jouer.
— Tout seul ?
— Tout seul... Oh ! nous vous entendrons tout de même, monsieur le comte et moi.
— Monsieur le comte ?
— Notre chambre à coucher est à peu de distance de cette pièce. Le son y arrive très doux et très distinct. Cela doit être charmant d'écouter ainsi le *Beau Danube bleu*... c'est un essai que nous voulons faire... Nous sommes Français tous deux, le comte et moi... la curiosité... l'étrangeté... Lorsque nous jugerons que vous êtes las, nous vous ferons avertir par le valet de chambre. Bonsoir, monsieur.
— Bonne nuit, madame la comtesse !

Et étouffant un soupir, le Tsigane, demeuré seul dans le boudoir qui avait vu l'écroulement de ses rêves d'amour, se mit à jouer le *Beau Danube bleu*.

Au *Beau Danube bleu* il fit succéder le *Joli Coteau vert;* aux valses il fit succéder des mazurkas, des sérénades, des berceuses, des polonaises. Il jouait avec rage, battant fiévreusement la mesure avec son pied sur le tapis.

Ce que durent être ses pensées pendant un tel exercice, je le laisse à deviner.

Au bout d'une demi-heure, qui lui avait paru un siècle, le Tsigane vit entrer le valet de chambre, portant sur un plateau une bouteille de vin de Champagne et des sandwichs.

— Voici ce que madame la comtesse vous envoie... dit le serviteur en posant le plateau sur une petite table.

— Merci, mon ami.

— Sans compter ceci, ajouta-t-il en mettant une bourse dans la main du musicien.

Et le domestique grommela entre ses dents :

— Ah ! voilà de l'argent facilement gagné ! Vous pouvez vous en vanter !

— Vous trouvez, vous ! dit le Tsigane ironiquement.

Le valet de chambre s'était emparé du violon et l'examinait.

— Un sabot ! dit-il avec mépris.

— Mon violon ! s'écria le Tsigane vexé.

— Et vous en avez joué comme un vrai massacre... je ne vous l'envoie pas dire.

— Bah! un confrère?... dit le Tsigane.

Et prenant le domestique par le bras :

— Vous ne me refuserez pas de boire un verre de champagne avec moi ?

— Tout de même... Mais quant à ce qui est de votre musique, je garde mon opinion.

— Vous êtes sévère.

Ils avaient trouvé des coupes, ils s'étaient assis.

— Tenez, voulez-vous que je vous dise ? fit tout à coup le valet de chambre.

— Eh bien ?

— Vous êtes un farceur.

— Permettez !

— Vous n'êtes pas un Tsigane... vous n'avez jamais été un Tsigane.

— Chut ! ! ! dit le violoniste, effaré.

— C'est moi qui suis un Tsigane.

— Comment, vous ? en voilà bien d'une autre !

— Et un vrai. Seulement j'ai opté. La livrée me rapportait plus que l'art.

— Moi, c'est le contraire. Avec mon costume hongrois, je gagne ce que je veux à l'Exposition... tandis qu'avec un veston français je ne gagnais pas un radis à l'Eldorado.

— Pitié ! pitié ! dit le valet exotique, levant les yeux au ciel.

— Que voulez-vous ? la magie des brandebourgs! Tout est là.

— Un sandwich, s'il vous plaît ?

— Voilà... Ah ! mon Dieu ! est-il possible ? vous, un Tsigane ? un vrai Tsigane ?

— Tu vas voir. Fais-moi passer ton parapluie?

— Quel parapluie ?
— Ton violon, parbleu ! je vais t'en jouer, moi.
— A ta santé, d'abord.
— A la tienne ! Qu'est-ce que tu veux que je te joue ? demanda le valet de chambre.
— Eh bien !... *le Beau Danube bleu.*
— J'en étais sûr ! dit-il en haussant les épaules ; le pont aux ânes !
— Je t'écoute.

Le valet de chambre empoigna l'instrument et en tira des accords que son rival n'hésita pas à qualifier de célestes en dépit de son humiliation.

✠

— Tiens ! votre Tsigane qui recommence ! dit le comte à la comtesse.
— Il est très consciencieux, en vérité. Il nous en donne pour notre argent. Est-ce que cela vous gêne, mon ami ?
— Pas du tout. Et vous, chère comtesse ?
— Aucunement. On n'a pas tous les jours de ces gens singuliers sous la main.

Et, quelques intants après, la comtesse s'endormait en murmurant :

— Il n'est pas banal, du moins, ce garçon... pas banal... pas banal....

## XVI

## CHEMIN DE DAMAS

---

#### CHAPITRE I

1. Or, il arriva qu'en ce temps-là il y avait un certain Paul, qui est aussi appelé Saul, lequel exerçait de nombreuses persécutions contre les républicains de son pays.

2. Il parlait sans cesse, lui et ses amis, de les passer tous au fil de l'épée ou d'en faire des hachis destinés aux plus vils animaux.

3. Et ce Paul s'était fait remarquer depuis longtemps par sa cruauté envers les fidèles, les défiant et les apostrophant de mille invectives dans les lieux publics.

4. Cependant il se dirigea un jour vers la ville voisine, dans les plus méchantes intentions ; et il était accompagné d'une petite troupe qui chevauchait à ses côtés.

5. Et parmi cette petite troupe il y avait plusieurs

personnages importants de Césarée : le marquis de Flasquesac, le baron de Saint-Cucufa et le chevalier de la Hure-sur-Pistache, tous à cheval comme Paul, et portant sous le bras des affiches blanches.

6. Et comme on approchait de la ville, il arriva tout à coup qu'une colonne de lumière venant du ciel barra le passage à la petite troupe.

7. « Qu'est-ce que c'est que cela ? s'écria Paul ; cela sent horriblement le barége ! »

8. Et son cheval se mit à trembler sur ses quatre jambes ; et le marquis de Flasquesac, chancelant sur ses étriers, murmura : « Je la trouve mauvaise ! »

9. Alors une voix sortit de la colonne de lumière et prononça ces paroles : « Paul, Paul, pourquoi me persécutes-tu ? »

10. La petite troupe, épouvantée, manqua de se flanquer par terre, et Paul se dit : « Cette voix m'appelle Paul ; est-ce à moi qu'elle s'adresse ? » Et il répondit : « Qui es-tu, toi que j'entends et que je ne vois pas ? »

11. « Je suis la République, » lui dit la voix, « la République que tu ne cesses d'outrager et de menacer ; repens-toi, Paul, il n'est que temps ! »

12. Mais Paul, dont la sueur inondait le front, entra dans une grande colère et dit à la voix : « Va te promener ! »

13. Au même instant un bruit semblable à un coup de tonnerre le renversa tout de bon de son cheval, et il roula dans la poussière, aux yeux stupéfaits de ses compagnons.

14. « Ah çà ! c'est donc sérieux ? » grommela Paul en essayant de se relever : mais il ne put le faire, étant

moulu dans toutes les parties de son corps, absolument comme s'il avait reçu une forte raclée.

15. Cependant la voix continuait de répéter sur l'air des *Lampions :* « Repens-toi ! repens-toi ! »

16. Et Paul, tout honteux, finit par s'avouer vaincu et dit : « Voyons, pas de bêtises ; aide-moi à me relever et je ferai tout ce que tu me diras de faire. »

17. « Tu crieras : Vive la République ! ordonna la voix. — C'est raide, répliqua Paul, mais je tâcherai d'y arriver. — Tu iras partout et tu confesseras la foi démocratique. — Allons ! » dit Paul, résigné.

18. Pendant ce temps-là, le marquis de Flasquesac, le baron de Saint-Cucufa et le chevalier de la Hure-sur-Pistache cherchaient à le dégager de dessous son cheval ; il se laissait faire, tout étourdi et les yeux démesurément ouverts.

19. Et le chevalier de la Hure-sur-Pistache se disait : « Je ne l'aurais pas cru si *taffeur* que ça. »

20. Et l'ayant pris sous un bras, tandis que le baron le prenait sous l'autre, ils essayèrent de le remettre en selle, avec de petits mots encourageants tels que : « Hue, mon bonhomme ! » et « Houp-là, mon grand Paul ! »

21. Mais Paul ne bougeait non plus qu'une souche, et ils se virent obligés de continuer à pied leur voyage pendant lequel il leur fut impossible de tirer autre chose de Paul que ce seul mot : « Epatant ! »

22. Ce ne fut qu'en arrivant aux portes de la ville qu'il parut sortir de sa léthargie.

23. Et alors, au lieu de balbutier : « Tabac ! tabac ! » ainsi que ses amis s'y attendaient, Paul s'écria d'une voix retentissante : « Vive la République ! »

## CHAPITRE II

1. Et comme le bruit s'était répandu de la conversion de Paul, on venait de tous les côtés pour l'entendre, et il était devenu un objet d'édification.

2. Il prêchait dans tous les temples et proclamait avec une onction attendrissante les grands principes et les droits éternels de l'homme.

3. Et tous les auditeurs, avides de recueillir ses leçons, se demandaient les uns aux autres : « N'est-ce pas celui-là qui était notre ennemi le plus acharné et qui avait juré de détruire toute notre race ? »

4. Ce qui faisait sourire doucement Paul, habité désormais par l'esprit de justice et de mansuétude.

5. On le voyait se promener pensif par les rues, arrêtant les petits enfants pour leur réciter les plus belles poésies de Victor Hugo.

6. Il avait continuellement sur lui, dans sa poche droite, un exemplaire des *Châtiments*, et, dans sa poche gauche, un exemplaire de l'*Histoire d'un crime*, et il les lisait alternativement.

7. A peine arrivé dans la ville, il était allé se jeter aux genoux d'un tétrarque, auquel il se reprochait d'avoir fait subir quelques vexations, et lui avait humblement demandé pardon, en le suppliant de lui permettre de nettoyer ses sandales.

8. Mais malgré cela, et malgré beaucoup d'autres traits de cette nature, il y avait encore quelques âmes qui avaient conservé de la méfiance vis-à-vis de Paul.

9. Et lui-même ne se dissimulait pas qu'il avait besoin d'un coup d'éclat pour dissiper tout les nuages et établir définitivement sa nouvelle influence.

10. Et il se disait avec tristesse qu'il n'avait encore fait aucun miracle, et que c'est par les miracles qu'on subjugue de tout temps les hommes et les femmes.

11. Alors le destin, prenant en pitié la grande douleur de Paul, lui permit de faire un miracle républicain.

CHAPITRE III

1. En ce temps-là, il y avait un homme qui avait une longue barbe noire et qui était réputé parmi les plus farouches de la contrée.

2. On l'appelait d'un nom barbare, quelque chose comme Mitchell.

3. Lui aussi avait pour mission de molester les croyants et de leur prédire les événements les plus sinistres.

4. Il était si farouche en effet, qu'on l'avait pris une fois pour un lutteur, c'est-à-dire pour une incarnation du terrible Hercule.

5. Il avait été le compagnon de Paul avant sa conversion ; tous les deux avaient chassé ensemble le sanglier et l'auroch, qui sont les communards des forêts.

6. Et c'était ce féroce Mitchell que Paul résolut d'aller affronter dans sa tanière pour le convertir.

7. Avant de partir pour cette expédition redoutable, l'apôtre Paul sollicita la bénédiction d'un saint homme

de Cahors, qui ne le vit pas s'éloigner sans émotion.

8. Or, Paul, s'étant mis seul en route, aperçut, après quelques minutes de marche, un épais nuage de fumée, auquel il ne tarda pas à reconnaître l'homme à la longue barbe noire, qui savourait un excellent cigare, sur le seuil de sa cabane de roseaux.

9. « Tiens ! c'est toi, ma vieille branche ! » s'écria Mitchell en souriant ; et son sourire découvrit une double rangée de dents blanches, effrayantes à voir.

10. Et il ajouta : « Quel vent t'amène ici ? il faut que je te fasse goûter d'un excellent marsala ; » et l'on n'aurait jamais dit que c'était un homme aussi farouche.

11. Mais Paul, secouant la tête : « Le temps n'est plus des marsala et des xérès ; le vent du désert a soufflé sur les festins de Compiègne ! »

12. « Ta parole ! » lui dit Mitchell, au comble de l'ébahissement.

13. « Il n'y a pas de ta parole, » répliqua Paul ; « il y a devant toi un homme à qui des yeux sont tombés des écailles. »

14. « Tu te trompes sans doute, mon ami, » fit observer tranquillement Mitchell ; et l'on n'aurait jamais dit que c'était un homme aussi farouche.

15. Mais Paul, sans l'écouter, se mit tout à coup à crier par trois fois : « Mitchell ! Mitchell ! Mitchell ! »

16. « Eh bien ! quoi ? Me prends-tu pour un sourd ? » répondit-il avec un soubresaut ; et Paul, ne se lassant pas, dit : « Lève-toi, Mitchell, et suis-moi ! »

17. « Pourquoi faire ? » demanda l'homme à la longue barbe noire. « Pour faire un miracle, » dit Paul.

18. « C'est différent, répondit Mitchell; laisse-moi seulement finir mon cigare; » et quand le cigare fut fini, tous les deux descendirent la colline en s'entrenant de prodiges et particulièrement des chemins de Damas qu'on était exposé à rencontrer en voyage.

19. Mitchell écoutait fort attentivement, le visage calme et les yeux levés vers le ciel; et l'on n'aurait jamais dit que c'était un homme aussi farouche.

20. Et lorsque Paul eut achevé d'initier Mitchell à l'Evangile républicain, comme la nuit était venue, il vit distinctement un nimbe de lumière enveloppant la tête de Mitchell.

21. « Je tiens mon miracle! » s'écria Paul, qui jeta joyeusement aux échos un vigoureux cri de : « Vive la République! »

22. « Vive la République! » répéta Mitchell.

## XVII

## FRANZ DUPONT

Le Salon va fermer.

Il ferme.

Le peintre Franz Dupont a reçu une lettre officielle, par laquelle il est invité..... à retirer son tableau, le n° 401.

Franz Dupont était occupé dans son atelier à fumer gravement une pipe, lorsque son concierge lui a remis cette lettre large et carrée, au timbre des Musées nationaux.

Il l'a lue négligemment d'abord ; puis il l'a relue, et, entre deux bouffées de tabac, il s'est écrié :

— Impertinents !

*
* *

*Suite du monologue de Franz Dupont*

— « Impertinents !

» Je ne pensais plus à mon tableau, je ne m'en occupais plus... il était casé...C'était une affaire terminée.

» Vous me dérangez; j'ai une foule d'autres choses en tête. On ne peut donc pas rester tranquille un instant !

» Mon tableau ! J'entends. Est-ce qu'il n'est pas bien là où il est ?

» Et lorsqu'il y resterait tout seul, est-ce qu'il ne serait pas encore mieux ?...

Mon tableau ! Une œuvre supérieure, une des sept ou huit toiles du Salon.

» Exécutée en pleine pâte ?

» Le sujet : *Une pêcheuse mordue par un crabe.*

» On entend crier la jeune fille, on sent la morsure du crabe.

» La vague déferle dans le fond, et l'on entend aussi le bruit des galets roulés sur la plage. — Une sonorité peinte !

» Le ciel est triste, les nuages sont chagrins. Je l'ai voulu ainsi, afin que tout fût à l'unisson de mon drame.

» Aucune trace d'école, aucune réminiscence d'atelier.

» Un Franz Dupont, enfin ! »

### Où Franz Dupont s'attendrit

« Mon cher tableau, tu m'as coûté bien des peines et bien du mal; mais aussi tu m'as procuré bien des joies !

» Tu m'as donné en plein jour des rêves d'or, pendant lesquels ma poitrine se gonflait d'un noble orgueil, pendant lesquels mon front superbe craignait de crever le papier bleu du firmament.

» Mon cher tableau, mon pauvre tableau, je t'ai aimé et je t'aime bien encore, et je ne me suis pas séparé de toi sans regret !

» Mais enfin chaque chose a son temps.

» L'amant a dit adieu à sa maîtresse, après bien des hésitations et bien des soupirs refoulés. Il a baisé tendrement ses beaux cheveux, et, lui serrant les mains dans une dernière étreinte, il lui a répété ces paroles :

» — Puisses-tu être heureuse ailleurs ! Les heures que nous avons passées ensemble, je m'en souviendrai toujours. Adieu !

» Et la maîtresse est partie.

» L'amant a poussé le verrou derrière elle, et pendant quelques jours il est demeuré mélancolique et pensif.

» Puis, il a cherché à se consoler, et on l'a vu courir vers des amours nouvelles.

» Cependant, un soir comme celui-ci, voilà qu'on frappe à sa porte. Il ouvre. C'est l'ancienne maîtresse qui revient, pâle, abandonnée...

» — Ah ! mais non ! non ! s'écrie l'amant. »

### Grimace de Franz Dupont

Comme s'il se trouvait réellement en présence d'un spectacle calamiteux, les traits de Franz Dupont ont exprimé un vif sentiment de contrariété.

Il a fait quelques pas dans son atelier, puis a continué d'un ton brusque :

« Eh bien ! moi, je ne ferai pas comme l'amant : je ne rouvrirai pas ma porte à la maîtresse revenue, ou plutôt *renvoyée*.

» Je ne retirerai pas mon tableau.

» A quoi bon m'engager encore dans des frais de commissionnaire ? Ce serait trop bête.

» Je ferai semblant de n'avoir pas reçu la lettre du secrétaire de l'exposition.

» Le numéro 401 ? Connais pas.

» *Une pêcheuse mordue par un crabe ?* Je ne sais pas ce que vous voulez dire. Adressez-vous à Vollon ou à Firmin Girard..... »

Mais Franz Dupont ne s'est pas maintenu longtemps dans cet état d'irritation.

Son esprit, redevenu plus calme, s'est tourné vers un autre ordre d'idées.

Il s'est rappelé l'article célèbre et unique de Laurent Jan intitulé : *Où va une femme qui sort ?*

Franz Dupont s'est rappelé aussi le refrain de la ballade de François Villon. *Où sont les neiges d'antan ?*

Il s'est rappelé la *Bohème des chiens*, de Lemercier de Neuville, un écrivain qu'on n'aurait tort d'oublier depuis qu'il est devenu un montreur de marionnettes.

Et alors Franz Dupont s'est posé cette demande :

« Où vont les tableaux qu'on ne retire pas du Salon ? »

*⁂*

### Autre remembrance de Franz Dupont

N'ayant rien trouvé à se répondre, Franz Dupont a procédé aux imprécations traditionnelles.

Il a croisé les bras, et ses lèvres ont laissé échapper ce flot amer :

« Ah çà ! les acheteurs, où sont-ils donc ?

» Où sont-ils, ces amateurs dont on fait tant de fracas ?

» Ce Richard Wallace, entrepreneur de fontaines d'enfants, ces trois ou quatre Rothschild, ont-ils donc été soudainement atteints d'une ophthalmie, pour n'avoir pas aperçu mon tableau ?

» Et Goupil ? A quoi pense l'exploiteur Goupil ? Il attend sans doute que je vienne le solliciter à genoux; il espère m'obtenir pour un morceau de pain...

» Non ! non ! non ! »

A ce moment, Franz Dupont, qui venait déjà de se rappeler beaucoup de choses, s'est rappelé un petit vieillard qu'il avait eu autrefois l'occasion de rencontrer sur le boulevard Saint-Michel.

Ce petit vieillard était un amateur de peinture qui avait vu peu à peu la misère le gagner, et qui, pour vivre, était obligé de vendre ses tableaux un par un.

Seulement, le petit vieillard n'avait pas confiance dans les marchands. — Comme je comprends cela ! — Il préférait sortir de chez lui avec son tableau sous le bras et aller s'installer sur un banc du boulevard Saint-Michel.

Là, il *exposait* tranquillement, c'est-à-dire il plaçait son tableau entre ses genoux, et attendait le client.

Or, comme le tableau était souvent un Pater, un Fragonard ou un Boilly, il arrivait ceci que le petit vieillard était bientôt entouré, — car il n'y a pas d'exemple que, *de nos jours*, une œuvre signée de pareils noms soit demeurée longtemps sur la voie publique.

Le petit vieillard, retors autant que le permet l'indigence, faisait sa vente en plein air.

Autant de moins dans la poche des commissaires-priseurs et des soi-disant experts !

### Franz Dupont conclut

« Je ferai comme le petit vieillard ! s'est écrié Franz Dupont; j'exposerai entre mes jambes.

» J'aurai ce courage !

» Je m'installerai sur un banc, comme lui, et j'en appellerai du public des palais au public des rues !

» Voilà qui est décidé ! »

Alors Franz Dupont, plein d'une grandeur farouche, a secoué le fourneau de sa pipe et est sorti de son atelier pour aller retirer le tableau n° 401 : *Pêcheuse mordue par un crabe.*

Demain, je passerai sur le boulevard Saint-Michel.

## XVIII

### UN ARTICLE DANGEREUX

Tant pis ! je suis décidé à tout.

Et, pour commencer, je vais parler de Berquin.

Ensuite, je continuerai par la *Morale en action*.

Puis, je terminerai par des considérations nouvelles sur *l'Education des serins ou le Délassement des Dames*.

Il y a une place à prendre après les pamphlétaires célèbres ; cette place est à moi !

Je serai acerbe, je serai mordant ; j'aurai les mains pleines d'allusions.

Vous allez voir.

*<br>* *

J'aime Berquin.

Je le déclare audacieusement, impudemment, à la

face du ciel, dût-il m'en coûter cher, — dût-on me charger de chaînes!

J'aime Berquin. On ne me sortira pas de là. Je sais que je vais un peu loin ; mais, je le répète, je suis décidé à tout.

Il y a des gens qui vont à Mirabeau, à Danton, à La Fayette. Moi, je vais à Berquin.

Berquin est mon auteur; c'est mieux, il est mon homme. Il me va, ce Berquin. Emile Zola dirait : Je le *gobe*. Eh bien! je le gobe aussi. Je passe par-dessus l'expression triviale. Je lui trouve des côtés. Feu Pelloquet aurait dit : « *Il est rudement fort !* » et il aurait eu raison.

Une nature, Berquin ! Et la meilleure des natures ! D'abord, une bonne figure, un ovale sympathique. J'aime les bonnes figures, elles ne sont pas communes ; elles disent le cœur et le caractère; on sait à quoi se fier avec elles, et tout de suite. Tu me vas, je te vais. Tope! Marchons ensemble. Tu marches vers le bien, moi aussi. Nous sommes faits pour nous entendre.

Berquin n'a pas remué positivement son époque. Ce n'est pas à propos de lui qu'on écrira jamais un livre intitulé : *Berquin et son temps*. Le temps de Berquin! Ah bien ! oui ! Laissez-moi rire. Il était joli, le temps de Berquin ! Le nôtre n'est pas beau certainement, mais je ne le troquerais pas encore pour le temps de Berquin.

Et quel écrivain! De la vertu, en veux-tu, en voilà! Et toujours de la vertu, rien que de la vertu ! A croire qu'il n'y avait que cela sur la terre! Il a écrit uniquement pour les enfants, il a bien fait. Ce sont de grands lecteurs, les enfants, et les plus ardents, et les plus sincères. L'*Ami des Enfants* a eu des succès que, seuls, ont pu renouveler les *Mousquetaires* et les *Mystères de Paris*.

Quel homme ! quel homme !

Par exemple, pas politique pour deux sous. N'entendant rien à la machine gouvernementale, ni au travail des philosophes qui se faisait à côté de lui. Bonhomme, et rien de plus. C'est encore quelque chose.

Aussi, pour récompenser cette candide nature et cette existence vouée tout entière à la glorification de la vertu, Bordeaux sa ville natale, Bordeaux n'a trouvé rien de mieux que de donner son nom à une rue entièrement habitée par des prostituées.

Assez de Berquin, voulez-vous ?

La plume grince entre mes mains, et je cherche des sujets sur lesquels je puisse exercer ma verve.

Je veux mordre, je veux développer mes qualités, jusqu'alors inconnues, de polémiste !

*La Morale en action !* l'*Abeille du Parnasse !* le *Petit Plutarque de douze ans !* Autant de satires — indirectes, mais violentes, — de notre époque. N'y voit-on pas l'éloge de tout ce qui est grand, noble et beau ?

Quant au *Traité de l'Education des serins ou le Délassement des Dames* (Paris, 1822, chez Sanson), c'est un de ces ouvrages qui, sous un titre pacifique, bouleversent les imaginations et ouvrent des abîmes imprévus à la pensée humaine.

La division en est d'une clarté admirable :
Du serin : de son origine; ses variétés.
Serins bouffis ou maussades.
Serins malpropres.
Serins méchants.
Tics des serins.
Serins mâles en ménage (!).
Serines sujettes aux sueurs.
Serins galeux.
Asthmes de serins, etc., etc.

Le tout est entremêlé de traits merveilleux dus à des serins apprivoisés, traits d'esprit, traits de souplesse, traits de bravoure, etc., etc.

Quels exemples pour les hommes!

Je choisis une anecdote entre vingt : — c'est celle du *serin parlant*.

« En 1632 (l'historien le prend de haut), une dame qui habitait une maison de campagne assez isolée, possédait un serin qu'elle avait élevé. Il avait appris plusieurs gentillesses, et, entre autres choses, à crier : *Au voleur !*

» Cela amusait beaucoup tous ceux qui l'entendaient, excepté cependant les domestiques qui, parfois, au moment de consommer un larcin ou de déguster clandestinement une bouteille de vin, voyaient le petit importun se poser tout à coup sur leur épaule, en répétant son cri : *Au voleur.*

» Un dimanche d'été, la maîtresse du serin avait envoyé tous ses gens, sans exception, à la fête du village. Elle était restée seule avec son petit favori dans un salon du rez-de-chaussée dont les fenêtres étaient ouvertes. Fatiguée par l'excessive chaleur, elle s'était endormie sur un sopha en jouant d'un petit flageolet avec lequel elle instruisait son serin *(tableau touchant à mettre sur la toile!).*

» Il y avait déjà quelques instants qu'elle reposait, lorsque deux malfaiteurs, qui avaient escaladé le mur du jardin, parurent à l'une des croisées du salon. A leur vue, le petit serin se débat dans sa cage; le bruit qu'il fait va réveiller sa maîtresse; les deux hommes semblent hésiter. A la fin, l'un d'eux, plus hardi, tire un couteau de sa ceinture... En le voyant passer auprès de lui, le serin se met à crier : *Au voleur !*

» A ces mots, la dame ouvre les yeux ; elle voit le danger qui la menace et pousse un cri perçant. Ce cri est, par bonheur, entendu de la *maréchaussée* qui se rendait à la fête du village; deux cavaliers mettent pied à terre ; ils pénètrent dans l'appartement et voient deux hommes qui fuient à travers le jardin; ils font feu sur eux (Pif ! paf !)... »

Brave maréchaussée !

On devine le reste…

Eh bien ! non, on ne le devine pas !

Il y a un dénouement imprévu et terrible à ce petit drame.

La dame a été sauvée par son serin, c'est bien ; mais le serin… hélas !

Ecoutez le narrateur :

« En lâchant son coup de carabine, le commandant de la maréchaussée avait tiré si près de la cage, que la poudre enflammée avait atteint le serin, et que le pauvre petit héros fut trouvé mort. Qu'on juge du désespoir de sa maîtresse ! »

Oui, j'en juge, estimable narrateur.

Je juge aussi du degré de créance qu'il faut accorder à votre historiette. Le serin qui crie au voleur me plonge dans la stupéfaction ; je n'en sors que pour y être replongé plus avant par le *serin ivrogne*.

« M. le chevalier D…, tous les matins, en déjeunant à la fourchette, se plaisait à enivrer un jeune serin. Il lui brûla les intestins, et au bout de sept mois le pauvre petit expirait dans un état total d'étisie. »

Ce qui me surprend le plus dans ce récit, c'est que le serin ait pu résister à six mois de ce régime.

Très forts, les serins !

Je n'oserai jamais signer un article aussi dangereux que celui-ci.....

## XIX

## LE DERNIER BAIN DE MER

La scène se passe dans un chalet, aux environs d'une plage quelconque. Au salon, après déjeuner, Madame fouille dans un coffret; à l'autre extrémité, Monsieur semble plongé dans la lecture des journaux.

Monsieur, *tout à coup*. — Qu'est-ce que vous faites donc là-bas ?

Madame. — Tiens ! vous ne dormez plus...

Monsieur. — Je n'ai jamais dormi.

Madame. — Comment cela s'appelle-t-il alors ?

Monsieur. — J'ai perdu connaissance un instant, voilà tout.

Madame. — Un instant d'une demi-heure. Excusez du peu ! comme disait Rossini.

Monsieur. — Une demi-heure ! cela n'est pas possible.

Madame, *lui désignant la pendule*. — Regardez plutôt.

Monsieur. — Etrange !... C'est la faute à ces journaux.

Madame. — Qu'est-ce qu'ils racontent, vos journaux ?

Monsieur. — Ils donnent le compte rendu de nos séances du conseil général du département.

Madame. — Eh bien ! mais cela doit être fort intéressant.

Monsieur. — Si l'on veut.

Madame. — Il paraît qu'il y a des séances très agitées.

Monsieur. — Quelquefois. Notre conseil est composé d'éléments si divers !

Madame. — On dit même que vous vous êtes montré l'autre jour passablement impertinent.

Monsieur. — Ah ! vous avez entendu parler...

Madame. — Oui, oui. Vous êtes un personnage remuant, vous avez des idées extrêmes.

Monsieur. — Qui est-ce qui prétend cela ? mes adversaires.

Madame. — Naturellement. Ils ajoutent que vous vous emballez pour un rien.

Monsieur. — Je ne m'en défends pas ; j'ai l'indignation facile. Jugez-en. Vous savez combien je m'intéresse au tracé du chemin de fer de Maucaillou à Saint-Laurent, qui doit passer devant notre propriété. Depuis longtemps j'ai fait d'énergiques efforts dans le sein des commissions pour obtenir ce tracé...

Madame. — Les commissions ont donc un sein ?

Monsieur. — C'est une image adoptée. Malheureusement, une fraction du conseil repousse ce tracé, dont elle conteste les services et dont elle nie la vitalité ; elle vise à relever la batellerie entre Maucaillou et Saint-Laurent. Une idée absurde ! Comme si la batellerie n'avait pas fait son temps ! Qu'on nous ramène au coche d'Auxerre tout de suite ! J'ai pour moi la Compagnie du Midi, qui a longuement étudié la question, et dont le rapport sur la route nationale n° 173 est un chef-d'œuvre de lucidité. Après cela, pouvais-je entrer sensément, dans les considérations de M. de Camblanes ? Non, mille fois non ! J'ai renversé ses arguments avec une vivacité dont je conviens. Il avait traité Maucaillou de bourg pourri ; c'est alors que j'ai dû lui rappeler son attache avec un régime écroulé. « *Ecroulé !* » s'est-il écrié en bondissant. « *Ecroulé !* » ont répété le président et ses principaux satellites « *Vous êtes un démagogue !* » m'a dit le gros Verthumeux en me menaçant du geste. Il m'a fallu tenir tête à l'orage ; je l'ai fait avec dignité, sans forfanterie. J'avais une main dans mon gilet, comme cela, à la façon de Berryer ; l'autre dans la poche de mon pantalon... ( *Monsieur continue de la sorte pendant dix minutes encore ; Madame a cessé de l'écouter.*)

∗
∗ ∗

Madame. — A propos, mon ami, vous m'accompagnerez tout à l'heure sur la plage.

Monsieur. — Pourquoi faire ?

Madame. — Pour prendre mon bain, sans doute.

Monsieur. — Cela n'est pas sérieux, je suppose, ma chère.

Madame. — Pourquoi cela ?

Monsieur. — Mais parce qu'il fait beaucoup trop froid.

Madame. — Laissez donc, le soleil est superbe !

Monsieur. — Le soleil, oui... mais le fond de l'air est piquant, très piquant.

Madame. — La mer doit être excellente, j'en suis sûre.

Monsieur. — Je ne sais pas... je sais que nous sommes au 22 septembre et que la saison est finie, selon le monde.

Madame. — N'importe, je désire satisfaire ma fantaisie, ce sera mon dernier bain de mer.

Monsieur. — Comme vous voudrez, madame. Je suis à vos ordres et prêt à vous conduire, même à la mort. Mais je vous le répète, personne ne se baigne plus; la plage devient déserte de jour en jour ; tout le monde est parti.

Madame. — Vous faites erreur, monsieur. Il y a encore madame la marquise de Faudoar, les deux frères Delisle, le baron Hérissard, M. de Pontaillac...

Monsieur. — Oh! pour ce dernier, rayez-le de vos papiers, je vous prie. M. de Pontaillac est retourné ce matin à Paris.

Madame. — M. de Pontaillac est parti. C'est impossible !

Monsieur. — Je l'ai vu à la gare comme il prenait son billet.

Madame. — Parti sans m'adresser ses adieux !

Monsieur. — Vous savez bien qu'on quitte une plage comme on quitte une table, sans prendre congé.

Madame. — C'est tout simplement immonde... Ce M. de Pontaillac est un manant.

Monsieur. — Calmez-vous, et allons aux cabines, puisque tel est votre désir.

Madame. — Non. J'ai changé d'idée. Il fait décidément un peu froid.

Monsieur. — A la bonne heure ! vous voilà devenue raisonnable.

✢<br>✢ ✢

Monsieur, *allant au balcon.* Tiens ! le baron Hérissard qui passe avec son parasol bleu... Montez donc, baron !

Le Baron, *du dehors.* — Non... merci... on ne fume pas chez vous.

Madame, *survenant.* — Mais si, baron, on fume parfaitement. Montez donc !

Le Baron, *entrant.* — Vous allez bien, tourtereaux? (*S'inclinant devant monsieur.*) Monsieur le conseiller général...

Madame. — Qui est-ce qui vous a donc dit qu'on ne fumait pas chez nous?

Le Baron. — C'est Pontaillac que je quitte à l'instant.

Monsieur. — Vous quittez Pontaillac?

Madame. — Il n'est donc pas parti pour Paris ce matin?

Le Baron. — Non, il allait acheter du plomb à la première station.

Madame. — Ah ! je savais bien...

Monsieur. — Nous nous disions aussi...

Madame. — Messieurs, attendez-moi un instant.... le temps de passer une robe et je suis à vous. Nous sortirons ensemble, n'est-ce pas?

Le Baron. — Où voulez-vous aller, belle madame ?

Madame. — Prendre un dernier bain de mer.

Monsieur. — Hein?

Le Baron, *regardant s'éloigner madame* — Elle est charmante, votre femme, mon bon... charmante !

Monsieur. — Oui... oui... mais quelle tête de linotte ! Elle change d'idée toutes les cinq minutes.

## XX

## HOBEREAUX

J'ai bien envie de vous raconter la façon triomphante et machiavélique dont un de mes amis et moi nous sommes devenus propriétaires d'un compartiment tout entier de chemin de fer.

Au départ de Poitiers, nous faisions assez triste figure cinquième et sixième dans ledit compartiment.

Au besoin, cependant, nous aurions pris notre mal en patience ; — mais le hasard avait voulu que nos voisins fussent les plus insupportables et les plus sottes gens du monde.

Imaginez-vous un quatuor de hobereaux, deux hommes et deux femmes, — les hommes puissamment insignifiants, les femmes parfaitement laides, mais de cette laideur arrogante qu'on ne pardonne pas.

Les hommes appelaient une de ces femmes *madame la baronne;* les femmes appelaient un de ces hommes *monsieur Eleuthère.*

Les uns et les autres étaient environnés de colis de toute sorte : sacs de nuit, couvertures, malles, valises, coffrets. Ils en avaient sur la tête, sous les pieds, sur les genoux, à côté d'eux, partout. — Et l'on se moque des Anglais !

Pourtant, tout cela n'aurait rien été sans la conversation de ces indigènes.

Oh ! leur conversation !

Quelque chose de bruyant, de plus que bruyant, de criard, de faux, de suraigu, de croisé et d'entre-croisé ; — un flot de banalités, un déluge de lieux communs, un torrent de réflexions saugrenues, incongrues ; — des confidences hors de propos, des plaisanteries plus lourdes que l'air, suivies d'interminables et convulsifs éclats de rire.

Jugez de ce que nous devions souffrir, mon ami et moi !

✧
✧ ✧

Du reste, ce quatuor impertinent ne paraissait pas s'apercevoir de notre présence.

Le wagon semblait être à eux ; ils voulaient bien nous tolérer, voilà tout.

On ne nous regardait jamais.

*Madame la baronne* avait des prétentions au bel esprit : de l'Octave Feuillet rance, du Sandeau éventé, des mines, des clignements d'yeux, des contorsions.

Elle était fortement applaudie par *monsieur Eleuthère,* — un oison de la plus belle venue.

Voici quelques bribes de leur conversation qui ont surnagé dans ma mémoire.

La Baronne. — Monsieur Eleuthère ?

Eleuthère. — Madame la baronne ?

La Baronne. — Vous devriez bien recommander à Valentine de ne pas grasseyer autant qu'elle le fait... Vrai, c'est un service à rendre à cette chère petite, qui n'est pas mal, d'ailleurs... malgré ses épaules un peu rentrées... Je parlais d'elle l'autre jour encore à son oncle, M⁰ Lefaivre...

Eleuthère. — M⁰ Lefaivre, qui demeure sur la place, n'est-ce pas ?

La Baronne. — Oui... à deux pas des Vieuxchamps.. avec lesquels ils ne se voient plus, d'ailleurs... Il paraît que M⁰ Lefaivre... Oh ! c'est toute une histoire...

Eleuthère. — Le beau-frère de Savignac, je crois, n'est-il pas vrai, madame la baronne ?

La Baronne. — Vous n'y êtes pas... Savignac a épousé une cousine des Broux de Saint-Tiste... Une sans le sou... qui a eu toutes les peines du monde à se faire recevoir dans la famille Caulinau.

Eleuthère. — Caulinau-Verdon ?

La Baronne. — Non, Caulinau-Souplet... Vous ne savez rien de rien aujourd'hui, mon cher Eleuthère... D'où sortez-vous donc ? (*Elle rit.*)

Eleuthère, *riant aussi*. — Excusez-moi, madame la baronne.

Tous les quatre, *riant*. — Ah ! ah ! ah ! ah !

Nous nous regardions, mon ami et moi.

Au bout de deux heures, notre ahurissement avait été remplacé par une rage concentrée.

Agacés, énervés, enfiévrés, nous n'avions plus qu'une idée : la vengeance.

Notez qu'à chaque station ces bélîtres repoussaient fort brusquement les voyageurs en quête d'une place.

— Tout est occupé ! disaient-ils en refermant la portière.

Mon ami et moi, nous nous comprimes.

Nous dûmes souffrir encore pendant une heure leurs éclats de voix et leurs insipides *potins*.

Aux Eglisottes, arrêt du train.

Une bonne figure se montre à la portière,

— Y a-t-il une place ? demande-t-elle.

— Non ! répondent comme toujours nos voisins.

— Pardon ! m'écriai-je ; il y en a deux... Montez, monsieur.

— Merci, monsieur, dit le nouveau venu en opérant son ascension au milieu des bagages.

Cela avait été un coup de foudre.

Les quatre hobereaux, qui ne nous avaient point jusque-là honorés d'un regard, se tournèrent ensemble vers moi avec un air d'indignation.

J'étais souriant.

— Vous êtes seul, monsieur ? dis-je au survenant.

— Oui, monsieur.

— Tant pis... on tient huit fort aisément, ajoutai-je.

Les quatre hobereaux étaient devenus muets de courroux.

Leurs yeux lançaient des flammes.

Ce n'était pas suffisant pour notre vengeance.

Nous avions écouté, nous voulions être écoutés à notre tour.

Sur-le-champ, sans laisser à nos ennemis le temps de se reconnaître, nous nous emparâmes de la conversation ; et comme ils avaient fait précédemment, criant, gesticulant, nous commençâmes un entretien à faire dresser les cheveux sur la tête.

Lui, *hurlant*. — Y a-t-il longtemps que tu as vu Mélanie?

Moi, *au diapason*. — Quelle Mélanie ? Mélanie-roseau, ou Mélanie-fond-de-bouteille ?

Lui. — Mélanie-fond-de-bouteille... celle qui était avec Gustave.

Moi. — Elle n'est donc plus avec lui ?

Lui. — Depuis deux mois. Elle aimait trop à faire la noce. Elle a lâché Gustave de deux crans.

Moi. — Pour aller avec qui ?

Lui. — Je ne sais pas... René peut-être.... C'est une belle fille !

Moi. — Je crois bien !

Lui. — Un corps de Vénus !

Moi. — Si elle avait pu se tenir, son affaire aurait

été vite faite... Paul voulait lui acheter un magasin de parfumerie dans un passage.

Lui. — Comme à Mathilde.

Moi. — Mais il y a des femmes qui ne sont nées que pour être cocottes.

Lui. — Elle a la nostalgie de Mabille.

Moi. — Si tu disais de Bullier !

Nos ennemis étaient vaincus.

Effarés, hagards, bouche close, ils nous regardaient et nous écoutaient, pleins d'épouvante.

Nous continuions toujours, sans prendre garde à eux; et notre conversation, que nous étions décidés à ne plus interrompre, atteignait quelquefois aux plus périlleux sommets de l'audace permise.

Nos fadaises étaient la revanche de leurs stupidités.

Ils nous avaient fatigués, nous les écrasions maintenant.

Ils comprirent sans doute, car, — sans chercher à protester d'une manière ou d'une autre — à la station suivante ils se hâtèrent de rassembler leurs bagages et d'aller se réfugier dans un autre wagon.

Madame la baronne suffoquait.

Eleuthère était cramoisi.

Sur ces entrefaites, le digne voyageur que nous avions recueilli nous ayant quittés un peu plus loin, mon ami et moi nous demeurâmes maîtres du compartiment dont la conquête avait été un moment douteuse, — et, à dix heures et demie du soir, nous faisions notre entrée triomphale à Bordeaux.

## XXI

### LE DÉPUTÉ AUX SONGES

— Venez donc que je vous dise quelque chose...

C'est un député de la Droite qui m'entraîne mystérieusement dans un corridor de la Chambre et qui me dit :

— M. Thiers m'est apparu cette nuit.

Ce député a la manie de raconter ses rêves, et il en tient un assortiment considérable, — rêves de toutes les couleurs, dramatiques, comiques, poétiques, fantastiques! C'est sa spécialité de rêver.

Il prend tous les gens au bouton, et principalement ses collègues.

— Est-ce que vous y croyez? demandait-il l'autre jour à M. de Tillancourt.

— A quoi?

— Aux rêves.

— Eh! eh!

— Eh bien ! j'y crois, moi, prononça mon député; j'y crois sérieusement.

— C'est votre droit.

— Les rêves sont des messagers chargés de nous transmettre des avertissements.

— Comme la société des Transports parisiens, alors.

— Pas tout à fait.

— C'est vrai, puisque les rêves sont gratuits, ajouta sagacement M. de Tillancourt.

Le député de la Droite :

— Je rêve beaucoup. Je ne fais même que cela. Toutes les nuits je chevauche régulièrement à travers le monde inconnu.

— Cela doit être fatigant.

— Quelquefois. C'est égal, je ne donnerais pas mes jours pour mes nuits... Et, à ce propos, il faut que je vous raconte mon étrange vision d'avant-hier... Je m'étais couché assez tard. Deux bougies brûlaient sur un guéridon. Il y avait à peine quelques minutes que mes paupières avaient cédé au sommeil, lorsque je me sentis transporté sur un glacier.

— Chez un glacier, vous voulez dire.

— Non.... sur un glacier... des Alpes... à une hauteur vertigineuse.

— Diable !

— Oh ! mais, sans secousse.... comme à l'aide d'un ascenseur.

— Hum !

— Une lumière bleue et rose me baignait de toutes parts... les chamois s'approchaient de moi sans crainte, et les bergères venaient m'offrir à l'envi le lait de leurs troupeaux...

M. de Tillancourt l'interrompit en lui posant la main sur le bras :

— Excusez-moi, mon cher collègue; je regrette de ne pouvoir écouter la fin de votre intéressant récit; mais j'aperçois M. le ministre qui me fait signe de venir lui parler... A bientôt... à bientôt!

Mon député de la Droite est continuellement en quête d'auditeurs.

Quelquefois, il s'approche d'un groupe animé.

Des voix ardentes, bruyantes, grondantes, font entendre ces mots :

— L'amendement qu'on nous propose est inacceptable!

— Inacceptable et absurde!

— J'y vois mille inconvénients! mille périls!

— C'est comme moi, dit alors mon député.

On se tourne vers lui, on attend qu'il parle.

Il murmure modestement :

— Quand je dis : c'est comme moi... c'est une façon de m'exprimer... Mais vous ne sauriez manquer d'être frappés de la singulière analogie qui existe entre cet amendement et ce qui m'est arrivé l'avant-dernière nuit.

Ceux qui ne connaissent pas l'orateur se resserrent autour de lui.

— Figurez-vous une enfilade interminable d'appartements obscurs... des colonnades, des galeries... au bout desquelles on distinguait une lueur faible et tremblotante. Tout à coup, j'entendis dans mon rêve une musique qui semblait composée de harpes et d'harmonico-flûtes... Puis, un génie, vêtu seulement d'une écharpe transparente, apparut à mes yeux et me dit : Suis-moi !...

Le groupe le regarde en grommelant et se disperse pour aller se reformer ailleurs.

Le *député aux songes* — c'est ainsi qu'on l'appelle — accepte volontiers les railleries.

Un jour qu'il venait de prendre Noël Parfait pour confident, celui-ci lui dit :

— Mon cher, vous devriez entrer chez un poëte tragique.

— Pourquoi faire?

— En qualité de tourneur de songes. C'est aussi bien payé que les bâtons de chaise. Voulez-vous que j'en parle à M. Henri de Bornier, l'auteur de la *Fille de Roland*? Il vous prendra certainement à l'essai.

## XXII

### PROFESSEUR DE POLÉMIQUE

Lorsque le jeune Sosthène, apprenti écrivain, se présenta dans les bureaux du journal pour lequel on lui avait donné une lettre de recommandation, il fut accueilli avec un sourire ironique par les rédacteurs rassemblés autour d'une grande table verte, — couleur de l'espérance selon eux, couleur empoisonnée selon les chimistes.

L'un d'eux, à l'énoncé de son nom, renouvelant une plaisanterie des *Saltimbanques*, lui demanda :

— Quel talent as-tu ?

Sosthène répondit modestement :

— Je sais un peu d'économie politique.

— Hein ? murmura-t-on.

— J'ai aussi étudié les questions sociales.

— Sociales! Qu'est-ce qu'il chante ?

— Enfin, je crois que je saurais mettre sur pied un article de philosophie ou de critique.

— Critique n'est pas assez... Nous ne faisons ici que de la polémique, dit le premier rédacteur.

— J'ai lu Paul-Louis Courier et Cormenin, répondit Sosthène.

— Insuffisants... Nous allons t'adresser au *professeur de polémique*. En quelques leçons, si tu as du tempérament, il fera de toi un publiciste comme nous l'entendons. Entre dans cette chambre, enfant.

Sosthène obéit, fortement étonné.

La première chose qu'il vit dans cette chambre fut un homme qui tirait au mur.

C'était le professeur de polémique.

Il s'entraînait en poussant des exclamations et des apostrophes :

— Tiens ! A toi ! pare celle-ci ! et celle-là ! Touché ! Voilà la bonne ! Tiens ! tiens !

— Monsieur... dit Sosthène en s'inclinant...

Le professeur s'interrompit pour s'essuyer le front.

— Rude sacerdoce ! prononça-t-il.

— Monsieur... répéta le doux Sosthène.

— Qu'est-ce ?

— Je viens prendre des leçons de polémique.

— Ah ! ah ! une nouvelle recrue... Hum ! peu de moustaches... Il faudra laisser pousser cela, mon garçon... Les moustaches sont inséparables de la polémique.

— Monsieur, je suis disposé à suivre en tout vos avis.

— Où avez-vous déjà travaillé ?

— S'il vous plaît ?

— Je vous demande où vous avez travaillé, sacrebleu !

— Nulle part, monsieur, répondit Sosthène.

— Tant mieux. Ainsi, vous êtes dépourvu de tous préjugés ?

— Absolument.

— Vous n'avez aucun fétichisme pour les hommes illustres de votre époque ?

— C'est-à-dire...

— Vous n'hésiteriez pas, le cas échéant, à traiter Hugo de vieille bête ?

— Qui, Hugo ? fit Sosthène, effaré.

— Victor Hugo, parbleu !

— Permettez.....

— Il ne faut aucune faiblesse chez nous. C'est ici le royaume des forts.

L'étonnement de Sosthène augmentait.

— Voyons, reprit le professeur en caressant sa barbe avec complaisance, comment vous y prendriez-vous pour tomber un adversaire ?

— Un adversaire politique?

— Oui.

— Je l'attaquerais par la dialectique, répondit Sosthène.

— Qu'est-ce que c'est que ça?

— C'est-à-dire que je m'attacherais à démontrer les côtés faibles ou faux de son raisonnement.

Le professeur haussa les épaules.

— Il vaut bien mieux l'appeler tout de suite abruti.

— Comment! pour commencer?

— Certainement; cela pose immédiatement la question... cela détruit toute équivoque dès le début.

— En effet... Cependant...

— Cependant quoi?

— Je préférerais procéder autrement, par le sarcasme par exemple, la raillerie...

— Ta! ta! ta! fit le professeur.

— L'épigramme est une arme dans son genre.

— C'est bon entre poëtes.

— Il y a encore l'allusion, objecta Sosthène, l'allusion où Veuillot s'est fait une réputation. Au lieu de nommer les gens par leurs noms, Veuillot les désigne par des sobriquets ingénieux et pittoresques : Galvaudin, Tigruche, Galapia, Poivreux, Poil-au-Vent...

— Veuillot est un timide, articula le professeur.

— Si l'on peut dire!

— Eh oui! son système et le vôtre ne valent pas un clou. Il n'y a pas tant de mitaines à prendre avec un adversaire. Vous vous assurez qu'il a un cor au pied, et vous le lui écrasez en marchant dessus. Rien ne vaut cela.

— Oh !

— Il y a encore une autre manière. Vous vous informez des heures auxquelles votre adversaire passe sous vos fenêtres ; vous vous embusquez, vous le guettez, et vous lui jetez un pot de chambre sur la tête.

— Mais le pot de chambre... murmura Sosthène.

— Nous en fournissons, dit le professeur.

— Avec ?...

— Avec tout ce qu'il faut.

\*\*\*

Sosthène reprit après quelques secondes de silence :

— Permettez, je suis de l'école du bon goût...

— Inconnue chez nous.

— De la discussion polie, du tact, de la distinction.

— Turlututu !

— De l'esprit.

— Vieux jeu ! dit le professeur ; il s'agit de détruire l'adversaire ; les moyens les plus solides sont les meilleurs.

— Mais si l'adversaire se révolte ?

— Cela s'est vu, dit flegmatiquement le professeur de polémique.

— Et alors ?

— Alors, c'est une autre paire de manches. Vous le qualifiez de triple gueux.

— Diable !

— De coquin !

— Peste !

— De drôle !... Vous affirmez qu'il passe son temps à culotter des pipes dans un estaminet du Petit-Charonne.

— Bien trouvé !

— Vous donnez à entendre qu'il ne change de chemise que tous les huit jours.

— Très parlementaire !

— Vous fouillez dans sa vie de jeunesse, et vous insinuez qu'il s'est fait chasser du collège pour avoir barboté dans les poches de ses camarades de dortoir.

— Délicieux !

— Vous le raillez sur ses infirmités physiques.

— Mais s'il n'en a pas ?

— Vous lui en créez.

— Parfait !

— Vous prenez des renseignements sur sa famille. et vous tâchez de lui découvrir quelque part un vieux parent qu'il laisse mourir de misère.

— Ensuite ?

— Ensuite... Au bout de quelque temps de ce régime, votre adversaire a la tête perdue.

— Je le crois sans peine, dit Sosthène ; mais cependant... s'il ne l'a pas ?

— Cela s'est encore vu, répéta le professeur de polémique.

— Et alors ?

— Alors...

Le professeur jeta un regard et un sourire sur le fleuret qu'il venait de quitter.

— Ah ! dit Sosthène.
— Oui, dit le professeur.
— Pas le pistolet ?
— Le moins possible.
— Pourquoi ?
— Vous êtes trop curieux, mon petit, dit le professeur. En voilà assez pour une première leçon.
— Je vous remercie, dit Sosthène.
— Il n'y a pas de quoi. Quand reviendrez-vous ?
— Avez-vous encore beaucoup de choses pareilles à m'apprendre ?
— Cela n'est que l'alphabet.

Sosthène se grattait le nez.

— Dites donc, professeur ?
— Quoi ?
— Je crois que je manque de vocation pour la polémique.
— C'est dommage. Il y a chez nous des cadres vacants. Vous auriez pu faire notre affaire. Vous avez du biceps.
— Vous êtes bien bon ; ce n'est pas pour cet article que je pose.
— Mais les jambes ne sont pas tablées.

— Mes jambes ? Elles me suffiront telles quelles pour m'en aller d'ici, dit Sosthène.
— A votre aise.
Et le professeur de polémique se remit à tirer au mur.

## XXIII

## LE CENTENAIRE DE CARCASSOU

— SCÈNE DE LA VIE MÉRIDIONALE —

*PERSONNAGES :*

MONSIEUR LE MAIRE.
SICARD, conseiller municipal.
PÉRIN,             id.
LE MARQUIS DE COL-FAVOUR, id.
FÉLIX ROUMIAS, id.
CADET TROUCHE, id.
TISTÉ,            id.
PÉTÉLIN,        id.
VANTOMAJI,    id.

L'action se passe dans une petite ville de Provence. — Le théâtre représente la salle des séances du conseil municipal. — Il fait chaud.

M. le Maire. — Messieurs et chers collègues, je vous ai convoqués à l'effet d'agiter une question de la plus haute importance... une question qui intéresse tout particulièrement notre dignité... la dignité de notre ville, de notre chère ville de Saint-Gigognas...

Le Marquis de Col-Favour. — Le joyau de la Gaule cisalpine !

M. le Maire. — Oui... le joyau... comme le dit si bien, si éloquemment, notre honorable collègue, M. le marquis de Col-Favour... avec cette fertilité d'imagination qui n'appartient qu'à lui... et à son titre de membre de la Société géographique internationale... Le joyau ! M. le marquis a défini d'un seul mot notre localité... Je l'en remercie en mon nom, au nom de la cité que j'administre, que je suis fier d'administrer... au nom de tous mes collègues...

Le Marquis de Col-Favour, *modestement*. — Cela n'en vaut pas la peine.

M. le Maire. — Si, vous le permettez... Le joyau... Je retiens le mot au passage... Et c'est justement parce qu'il faut que ce joyau resplendisse, que je me permets de venir en ce jour déposer dans votre sein l'expression de ma mélancolie.

Cadet Trouche. — Zolie imaze !

Pételin. — Pourquoi que vous êtes mélancolique, monsieur le maire !

Sicard. — Oui, pourquoi ? *peccaïré !*

M. le Maire. — Je vais vous le confesser...

Périn. — Non, pas confesser !

Tous, *en chœur, excepté le marquis de Col-Favour.* — Pas de confession ! pas de confession !

M. le Maire. — Comme vous voudrez... la langue m'a fourché... Je vais vous le dire, mes chers collègues.

Cadet Trouche. — A la bonne heure !

M. le Maire. — Saint-Gigognas ne brille pas de tout l'éclat dont il devrait briller.

Tous, *avec stupeur*. — Oh !

M. le Maire. — Saint-Gigognas n'a pas le rang qu'il devrait occuper parmi les cités provençales !

Tous. — Oh !!!

Périn, *se levant*. — *Coquin de sort !* qui est-ce qui a dit cela ?

Tisté. — *Moussu lou mairo*, vous insultez Saint-Gigognas !

M. le Maire, *hors de lui*. — *Asséta-vous, mestré Tisté !*

Tisté. — Saint-Gigognas ! Saint-Gigognas ! (*Tumulte.*)

M. Le Maire. — *Cridès pas tant, mestré Tisté ! Siou pas sourd !*

Cadet Trouche. — Est-ce que Saint-Gigognas n'est pas toujours le premier pour ses melons et pour ses artichauts ?

M. le Maire. — Pour ses melons, je ne dis pas... pour ses artichauts également... Nous sommes et nous resterons les premiers pour les melons et pour les artichauts.

Tisté. — Eh bén ?

Cadet Trouche. — Eh bén ?

Tous. — Eh bén ?

M. le Maire. — Eh bén... est-ce que ça vous suffit à vous autres ?

Pételin. — Qu'est-ce qu'il faut de plusss pour la gloire d'un pays ?

Sicard. — Qu'est-ce qu'il manque à Saint-Gigognas, monsieur le maire?

M. le Maire. — Ce qu'il manque à Saint-Gigognas? Vous voulez le savoir?

Tous. — Oui! oui!

M. le Maire. — Ce qu'il lui manque pour l'égaler aux autres villes, nos voisines... nos rivales... C'est un centenaire!

Le Marquis de Col-Favour, *opinant de son faux toupet*. — Parfaitement!

Félix Roumias, *à Vantomaji*. — *Coumpaïré!* qu'est-ce que c'est qu'un centenaire?

Vantomaji. — C'est comme qui dirait un vieux qui lit sans lunettes.

Félix Roumias. — Comme le père Thibaut, alors?

Vantomaji. — *Zuste*.

M. le Maire, *qui a entendu*. — Vous n'y êtes pas, *mestré* Roumias... mais pas du tout... Un centenaire, c'est l'anniversaire de la naissance ou de la mort d'un grand homme.

Pételin. — Un grand homme! *Péccaïré!*... de quelle hauteur?

M. le Maire. — La hauteur n'y fait rien... Je parle d'un homme célèbre... Etes-vous d'avis que Saint-Gigognas ait un centenaire, comme viennent d'en avoir Avignon et Grenoble?

Tous. — Oui! oui!

M. le Maire. — Le centenaire est voté à l'unanimité.

Sicard, *se levant*. — A présent, allons-nous-en chacun chez nous.

M. le Maire. — Un moment, monsieur Sicard; nous n'avons fait que la moitié de la besogne.

Sicard. — Qu'est-ce qu'il reste donc à faire?

M. le Maire. — Il nous reste à choisir un grand homme... Nous avons le civet, il nous faut le lièvre... A défaut d'un grand homme, nous sommes disposés à nous contenter d'un homme remarquable. Cela nous mettra un peu plus à l'aise. Nous pouvons choisir indifféremment parmi les hommes de sciences et d'art... mais cependant, à l'époque que nous traversons, je crois que nos suffrages auraient raison de se porter sur un homme de guerre. Vous me comprenez?

Vantomaji. — Bien parlé, monsieur le maire!

M. le Maire. — La discussion est ouverte. Quelqu'un de vous a-t-il un homme de guerre à proposer pour le centenaire de Saint-Gigognas?

Pételin. — *Peccaïré!* nous avons Gaspard de Bèze!

M. le Maire. — *Mestré* Pételin veut badiner, j'imagine... Gaspard de Bèze était un assassin.

Pételin. — Est-ce bien prouvé?

Le Marquis de Col-Favour. — Un affreux assassin!

Félix Roumias. — Alors il n'en faut pas, *tron de sort !*

Vantomaji. — Il en faut un autre.

Le Marquis de Col-Favour. — Un homme vertueux.

M. le Maire. — Vertueux... ou utile.

Le Marquis de Col-Favour. — Dans ce cas, et puisque vous voulez un homme de guerre, prenez mon aïeul.

M. le Maire. — Votre aïeul, monsieur le marquis ?

Le Marquis de Col-Favour. — Henri-Triptolème-Alexandre-Espérandieu de Col-Favour, baron de Trinquetaille, seigneur de Géménos et de Pouzzoles.

Sicard. — Sans indiscrétion, monsieur le marquis, peut-on vous demander ce qu'a fait votre aïeul?

Le Marquis de Col-Favour. — Ses armes étaient de gueules à trois conques d'argent posées 2 et 1.

M. le Maire, *après un silence embarrassé.* — Continuons à chercher... Peut-être trouverons-nous parmi les poëtes... les poëtes sont très à la mode depuis le centenaire de Pétrarque. Connaissez-vous quelque poëte, mes chers collègues ?

Plusieurs voix. — Mistral... Mistral...

M. le Maire. — Il y a deux obstacles à ce que notre choix s'arrête sur Mistral, sur notre honorable et glorieux Mistral : le premier est qu'il n'est pas de Saint-Gigognas; le second est qu'il est vivant.

Cadet Trouche. — Ah! tant pis !

Tisté. — En fait de poëte, moi, je ne connais que

Siméon, le vieil aveugle de la rue *Saint-Zan*, qui a fait la chanson de la *Faucade* :

> En attendant que la soupe se fait,
> Allons d'abord laver un peu nos pieds.

M. LE MAIRE. — *Mestré* Tisté, vous portez atteinte à la gravité du Conseil municipal... Je serai obligé de vous rappeler à la décence.

TISTÉ. — *Macaréou!* Si on ne peut pas rire un peu...

LE MARQUIS DE COL-FAVOUR. — Je demande la parole.

M. LE MAIRE. — M. le marquis de Col-Favour a la parole.

LE MARQUIS DE COL-FAVOUR. — Si vous voulez un poëte, prenez mon grand-oncle le chanoine Claude-Michel-Honorat de Col-Favour. Il a laissé un recueil de Noëls et de cantiques qui peuvent rivaliser avec ceux de Saboly.

CADET TROUCHE, PÉTÉLIN, PÉRIN. — Non, non! pas de curé! à bas les curés!

M. LE MAIRE, *agitant sa sonnette*. — Un peu de silence, messieurs, je vous en prie... et passons aux hommes de science... ou aux grands industriels. Avez-vous un grand industriel à me signaler? Hein? Non... Oui... (*Silence général.*) Ah çà! il n'y a donc pas de grands hommes à Saint-Gigognas?

✣
✣ ✣

Périn, *tapant tout à coup sur la table*. — Si... il y a Carcassou !

M. le Maire. — Qu'est-ce que c'est que Carcassou?

Périn. — C'est celui qui a bâti le petit pont à l'extrémité de la ville... il y a juste cent ans de cela... et le pont n'a pas bronché. C'est du bon ouvrage.

Le Marquis de Col-Favour. — Un maçon?

Périn. — Un maçon, monsieur le marquis... Et comme on cherche un homme utile, je vous dis, moi, que Carcassou est notre affaire... mieux que votre grand-oncle le chanoine ou que votre aïeul aux trois choses d'or.

Plusieurs voix. — Au fait, Carcassou était un brave homme.

Cadet Trouche. — Il a laissé une excellente mémoire. Ma grand'mère m'en a souvent parlé.

Félix Roumias. — Et puisqu'il n'y en a pas d'autre que Carcassou...

Sicard. — Notre collègue Périn est dans le vrai... Carcassou est l'homme qu'il nous faut!

M. le Maire, *avec hésitation*. — Je vous ferai observer, messieurs, que Carcassou est bien peu connu en dehors du département.

Périn. — Raison de plus. Il faut le faire connaître.

M. le Maire. — L'œuvre de Carcassou, si utile

qu'elle soit, vous semble-t-elle en harmonie avec des honneurs tels qu'un centenaire?

Périn. — Mais oui; un pont vaut un cantique. Ce pont a servi à mon père; il me sert tous les jours; il servira à mes enfants. Carcassou a droit à notre reconnaissance. On n'a pas assez célébré jusqu'à présent les gens de bien obscurs. Saint-Gigognas commencera.

Cadet Trouche, Sicard, Félix Roumias. — Bravo, Périn!

Tisté, Pétélin, Vantomaji. — Bravo, Périn! Bravo, *moussu de la lingue d'or!*

M. le Maire, *ébranlé.* — Vous le voulez?

Tous, *excepté le marquis de Col-Favour.* — Oui! oui! oui!

M. le Maire. — Je mets aux voix le centenaire de Carcassou. *(Toutes les mains se lèvent, à l'exception de celle du marquis de Col-Favour).* Carcassou aura son centenaire.

Tous, *excepté le marquis de Col-Favour.* — Vive Carcassou!

## XXIV

## QUI VIVRA RIRA

L'action se passe à Paris en 1883 ou 1884. Le théâtre représente le cabinet d'un historiographe, paléographe, archiviste, uge d'armes, redoreur de blasons, fournisseur d'ascendants, redresseur d'arbres généalogiques, etc., etc. — Au lever du rideau, l'historiographe, seul, fume sa bonne pipe de Saint-Louis, en feuilletant un armorial.)

L'Historiographe. — Inutile de chercher à me le dissimuler : les affaires ne vont pas... j'entends mes affaires à moi. Ce nouveau gouvernement manque absolument de race. Les vilains renoncent de plus en plus à se faire décrasser. Colbert, s'il revenait au monde, y perdrait son savon. Lamentable! lamentable! Tous mes marquisats me restent sur les bras; mes écussons ne s'écoulent plus. En un mois, je n'ai créé qu'un pauvre petit vidame. Honte et platitude! La France de 1884 n'a plus souci de l'art héraldique; elle se mo que aujourd'hui d'une couronne ou d'un tortil comme d'une guigne. Elle joue à la nation forte et sensée. Voilà mon industrie ruinée de fond en comble. Montjoye et Saint-Denis! que vais-je devenir?

Un Valet, *entrant et lui apportant une lettre sur un plateau*. — Monsieur?

L'Historiographe. — Qu'est-ce qu'il y a, Soyecourt?

Le Valet. — Un monsieur qui désire parler à monsieur.

L'Historiographe, *lisant*. — « Leconte. » Connais pas. Il est seul dans l'antichambre?

Le Valet. — Hélas! oui, monsieur.

L'Historiographe. — Je te comprends, mon fidèle Soyecourt. Ah! les temps sont durs! Nous traversons une période sans prestige... Introduis ce croquant.

✧ ✧ ✧

Leconte — Bonjour, d'Hozier; bonjour, Chérin..... bonjour, vieux blagueur!

L'Historiographe. — Hein? que signifie?..... Attendez donc, mais je vous remets, vous.

Leconte. — Il n'y a rien d'étonnant à cela, grand légendaire.

L'Historiographe. — Vous êtes le comte Pépin-Gombault d'Entre-deux-Celles.

Leconte. — Lui-même, aimable farceur. Il y a

juste dix ans que vous m'avez anobli et chamarré de tous ces noms et prénoms.

L'Historiographe. — Voulez-vous bien vous taire! Est-ce qu'on dit les choses aussi crûment? Je vous ai aidé à retrouver vos parchemins, voilà tout.

Leconte. — Pauvres parchemins! étaient-ils assez couverts de poussière! (*Il rit.*)

L'Historiographe. — J'ai relevé également votre arbre généalogique...

Leconte. — Auquel il manquait pas mal de branches, convenez-en, papa.

L'Historiographe. — J'avoue que vous m'avez donné quelque peine pour reconstituer vos fiefs.

Leconte. — Il est superbe, ma parole d'honneur! mes fiefs!

L'Historiographe. — La seigneurie d'Entre-deux-Celles s'est longtemps dérobée à mes recherches.

Leconte. — Je le crois bien!

L'Historiographe. — Il m'a fallu beaucoup de persévérance pour arriver à mettre la main sur les dates de possession et de transmission.

Leconte. — Plus que de la persévérance! De l'imagination!

L'Historiographe. — Mais quelles jolies armoiries je vous ai composées!... *D'argent à trois croisettes de gueules pósées en bande...* Comme c'est coquet!

Leconte. — Oui, les croisettes font bien.

L'Historiographe. — Et la devise? la devise des Entre-deux-Celles! Vous semblez compter pour rien la devise : *Dieu le ramassera!...* Connaissez-vous quelque chose de plus ingénieux?... *Dieu le ramassera!*

Leconte. — Oui... oui... c'est drôle !

L'Historiographe. — Entre nous, vous êtes une de mes plus belles créations. Les Entre-deux-Celles sont indestructibles désormais. Vous êtes entré dans l'histoire pour n'en plus sortir.

Leconte. — Et voilà bien ce qui m'ennuie, ma vieille lettre-patente.

L'Historiographe. — Comment ! cela vous ennuie ?

Leconte. — Assurément.

L'Historiographe. — N'avez-vous pas largement bénéficié de votre titre sous l'empire ?

Leconte. — Largement, oui... mais trop rapidement.

L'Historiographe. — Le comte Pépin-Gombault d'Entre-deux-Celles avait ses grandes et ses petites entrées aux Tuileries, à Compiègne, à Fontainebleau ?

Leconte. — C'est vrai.

L'Historiographe. — Il émargeait.

Leconte. — Cela n'a pas duré assez longtemps. Deux ans, et puis patatras ! Aujourd'hui tout est changé, complétement changé.

L'Historiographe. — A qui le dites-vous, monsieur le comte ?

Leconte. — Mon titre (Ah ! vous m'avez rendu là un joli service !) est devenu un fardeau pour moi, une gêne, un obstacle. Si je me fais annoncer quelque part, on sourit. Tout le monde a l'air de me dire : *Cachez donc ça !* Les républicains...

L'Historiographe. — Pourquoi fréquentez-vous les républicains ?

Leconte, *stupéfait*. — Pourquoi ?

L'Historiographe. — Oui, pourquoi ?

Leconte. — Mais, vieille masse d'armes, parce que j'en suis un moi-même.

L'Historiographe. — Un... républicain ?

Leconte. — Un républicain. Et un pur! et un sincère! Qu'est-ce qu'il y a d'étonnant à cela, entrepreneur de Coucy et de Crécy ?

L'Historiographe. — Rien... Oh! rien.

Leconte. — Le patriotisme me commandait de me rallier. Je me suis rallié. Mon pays avant tout! Je devais le sacrifice de mes opinions à la prospérité générale... Malheureusement, mon abnégation n'a pas été comprise... ou plutôt mon satané titre m'a rendu suspect. On se méfie de moi... et de mes trois croisettes.

L'Historiographe. — Il en aurait peut-être fallu une de plus.

Leconte. — « Mon cher, me disait l'autre jour le ministre, auprès duquel je sollicitais n'importe quoi, nous ne pouvons pas nommer un noble à cette place... cela ferait crier. » Un noble, moi! j'enrage!

L'Historiographe. — Je conçois votre dépit..... mais que voulez-vous ?

Leconte. — Aussi je suis revenu vers vous, vieux lambrequin.

L'Historiographe. — Vers moi, monsieur le comte ?

Leconte. — Vous m'avez anobli... Il faut que vous me désanoblissiez.

L'Historiographe, *surpris*. — Que je vous...

Leconte. — Désanoblisse. Oui.

L'Historiographe. — Il est bien tard pour cela, monsieur le comte.

Leconte. — D'abord, vous savez aussi bien que moi que je ne m'appelle pas M. le comte... mais Jean Leconte.

L'Historiographe. — Il n'y a pas d'orthographe pour l'oreille. L'euphonie conspire contre vous. Noble vous êtes devenu, noble vous resterez.

Leconte. — Mais la seigneurie d'Entre-deux-Celles n'a jamais existé sur aucune carte géographique.

L'Historiographe. — Elle existe depuis que j'en ai déterminé les limites sur vos titres de noblesse.

Leconte. — Ma noblesse! ma noblesse!... Je suis le fils d'un aubergiste.

L'Historiographe. — Qu'importe! Vous n'êtes pas le seul.

Leconte. — A bas les titres! à bas les priviléges! à bas les hochets! Je foule aux pieds mes parchemins!

L'Historiographe. — Sacrilége!

Leconte. — Je veux marcher avec mon époque... libre de préjugés et d'entraves... avec le régime de 1884.... Il n'y a plus de Pépin, ni de Gombault, ni de Galaor... J'entends m'appeler Brutus, Spartacus, Gracchus! Philopœmen!

L'Historiographe. — Réfléchissez...

Leconte. — Vive la République!

L'Historiographe. — Miséricorde!

Leconte. — Monsieur l'historiographe, je veux redevenir vilain... entendez-vous!... Vous allez me rayer de votre nobiliaire,.. sinon, je vous intente un procès!

> Il sort dans la plus extrême agitation. L'historiographe-paléographe-généalogiste tombe sans connaissance. Le fidèle Soyecourt essaie de le rappeler à lui. — Tableau.

## XXV

## LE PORTRAIT DE SA GRANDEUR

L'histoire que je vais raconter est toute récente et parfaitement inédite.

Elle s'est passée dans une ville de province; on pourrait l'intituler : *le Peintre, l'Evêque et le Concierge.*

Ne cherchez pas le nom de cet évêque, je me suis promis de le taire; — ne cherchez pas la ville non plus.

L'évêque, cédant aux sollicitations d'un grand nombre de ses ouailles, s'était décidé à faire faire son portrait. Grave détermination !

Il était venu dans l'atelier du peintre, et il avait posé dans ses beaux habits pontificaux. Il avait posé une fois, deux fois, trois fois. Mais le temps de Sa Grandeur était précieux, — et le peintre, quoique ce fût un excellent peintre, n'allait guère vite en besogne.

Il unissait la lenteur d'Ingres au scrupule de Meissonier.

— Mon fils, cela promet d'être bien long, lui dit un jour l'évêque.

— Monseigneur, pas autant que vous le croyez peut-être, répondit le peintre ; la tête sera bientôt achevée.

— Mais le corps ?

— Le corps est déjà suffisamment ébauché... Et d'ailleurs, il y aurait un moyen d'épargner à Votre Grandeur quelques séances fastidieuses pour Elle.

— Voyons votre moyen.

— Ce serait de me confier vos habits sacerdotaux, et je me chargerais de faire poser le corps par un modèle de votre encolure.

— Cela me paraît fort judicieux, en effet, dit l'évêque.

Et Monseigneur abandonna ses riches vêtements au peintre, qui se mit immédiatement en quête d'un modèle.

L'évêque était un personnage d'une haute taille et très avantagé des épaules.

Le peintre, voisin d'une caserne, crut ne pouvoir mieux faire que de s'adresser au colonel et de lui demander — dans une lettre infiniment respectueuse — un de ses plus beaux hommes.

Le colonel lui répondit à peu près :

« Monsieur,

» L'armée n'est pas faite pour fournir des mannequins aux artistes.

» Tâchez de trouver dans l'élément civil ce que vous désirez.

» J'ai l'honneur de vous saluer. »

Un peu mortifié, le peintre se rabattit en effet sur l'*élément civil*, et se contenta d'un simple concierge des environs pour *poser* le buste de l'évêque.

Le concierge, tout gonflé d'un semblable honneur, revêtit avec empressement la robe violette du prélat, ses manchettes de dentelles et sa croix pastorale.

Il était superbe ainsi et semblait donner raison au proverbe : « L'habit fait le moine. »

Il posa consciencieusement pendant les premiers jours ; lorsque le peintre n'était pas arrivé, il s'habillait en l'attendant, se regardait avec complaisance dans la glace et faisait des effets de bénédiction.

Puis, il en *grillait une*.

Le véritable évêque aurait peut-être froncé le sourcil s'il avait vu son sosie une pipe entre les dents, — mais ce spectacle ne lui fut pas donné.

✠ ✠ ✠

Cela alla fort bien une huitaine.

Au bout de ce temps, le concierge se relâcha ; il était malheureusement un peu enclin à la boisson. Le peintre commença à s'apercevoir de quelque incorrection dans sa tenue. Il lui en fit des reproches, légers d'abord, ensuite sévères.

— Songez à l'habit que vous portez! lui dit-il.

— Suffit! répondit ce jour-là le concierge aux yeux brillants.

Mais, un autre jour que le peintre tardait plus que de coutume à arriver à l'atelier, le démon tenta le concierge. Revêtu depuis trois quarts d'heure des habits de l'évêque, il s'impatienta et finit par se dire :

— La soif me dessèche le gosier, le marchand de vin est en face. Il n'y a que la rue à traverser : six pas à franchir, quatre en les faisant grands. Je peux passer comme un éclair. Le quartier est peu fréquenté ; un *cinquième* est vite bu. Allons !

Il n'y eut pas d'autre tempête sous son crâne. Le malheureux se précipita chez le marchand de vin.

Ces choses-là veulent être racontées simplement.

… Quelques instants après, le peintre, arrivant, se heurta à un attroupement dont il voulut pénétrer la cause.

Il y avait là des éclats de rire et des huées moqueuses qui l'intriguaient. Il eut tout à coup un pressentiment horrible.

Il écarta rapidement deux ou trois ouvriers, et il vit...

Il vit son concierge, magnifiquement violet et chantant à tue-tête :

> Celui qui dit que le vin lui fait mal,
> Ça n'est-il pas un animal ?

Le peintre sentit ses cheveux se dresser sur sa tête.

Il se jeta sur son *modèle*, qui chantait encore en se laissant entraîner à l'atelier :

> J'ai sur la tête un coquin de chapeau
> Qui ne vaut rien, car il prend l'eau !
> Mes amis en le vendant,
> Nous en ferons de l'argent,
> Pour aller boire, boire, boire !...

Ce fut la dernière fois que le concierge de la ville de X... *posa* les évêques.

## XXVI

## L'HOMME DE LETTRES

### ET L'AUVERGNAT

J'avais remarqué à la porte de mon logement, quai Voltaire, un jeune commissionnaire, de seize à dix-sept ans, d'une figure intelligente et fort éveillée. Lorsque ses crochets lui laissaient un moment de répit, il l'employait à lire les journaux avec une attention dont je finis par être frappé.

Un jour, je lui dis :

— Veux-tu venir tous les matins chez moi brosser mes vêtements ?

— Chertainement, mochieu.

— Comment te nommes-tu ?

— Louis, pour vous chervir.

— Eh bien ! Louis, je t'attends demain, à neuf heures.

— Ch'est convenu, mochieu.

J'avais mon idée.

⁂

Depuis quelque temps, j'étais en butte aux attaques d'un journal fort mal embouché. La politique n'était pas tout à fait étrangère à l'événement, quoique je ne me sois jamais trouvé bien en évidence dans aucun parti, mais j'appartenais alors à une feuille concurrente, et cela suffisait. Il n'y avait pas de semaine que je ne reçusse un horion, un brocart du *Saltabadil* (c'est le nom sous lequel je désignerai le journal en question). C'était comme une petite rente qu'il me servait régulièrement.

Dès que cette manœuvre m'eut été signalée, je m'empressai de ne plus lire du tout le *Saltabadil*, que déjà je ne lisais pas beaucoup. Mais je ne laissai pas cependant que d'être inquiet. Il est difficile en matière de publicité de se réfugier dans l'indifférence absolue, à moins d'habiter les sommets les plus élevés de la gloire. J'étais partagé entre la curiosité et le souci de mon repos.

C'était afin de concilier ces deux sentiments que j'avais jeté les yeux sur mon jeune commissionnaire. J'éprouvais moins d'embarras à me confier à un Auvergnat qu'à un confrère ou à un ami.

— Ecoute, lui dis-je le lendemain; tu te plais à la lecture des journaux?

— Ch'est vrai, mochieu.

— Naïf produit de la Limagne!

— Est-che qu'il y a du mal à cha?

— Cha dépend... Tiens! je parle comme toi... Connais-tu le *Saltabadil?*

— Le *Chaltabadil?* C'est le journal que j'aime le moins.

— Tant pis. Tu l'achèteras dorénavant tous les jours.

— Pour vous?

— Non. Pour toi.

— Comme mochieu voudra. Et qu'est-ce que j'en fera?

— Tu le liras religieusement du commencement jusqu'à la fin.

— Cha n'est pas difficile.

— Non, mais c'est pénible.

— Enchuite?

— Tu examineras attentivement si j'y suis empoigné.

— Empoigné? fouchtra!

— Oui... attrapé... éreinté... tourné en ridicule.

— Bien, bien.

— Tu comprends?

— Je commenche.

— Alors quand tu verras que je suis empoigné...

— Je viendra tout chaud vous avertir.

— Non.

— Comment, non!

— Vois-tu, Louis, je suis avant tout ami de ma tranquillité. J'aime à vivre sans secousses. Si je ne suis pas trop... trop empoigné... c'est-à-dire si l'article que tu auras lu ne dépasse pas les bornes de la polémique ordinaire, tu ne m'avertiras pas.

Louis se gratta la tête.

— Mais, dit-il, ch'est que je ne sais pas ce que ch'est que les bornes de la polémique.

— Tu en jugeras par toi-même. Tu te mettras à ma place. Si tu ne te trouves pas offensé, tu garderas le silence. Il serait inutile de me déranger pour une niaiserie, pour une simple épigramme. Ce n'est que dans le cas d'une attaque bien caractérisée que tu viendras me dire : « *Monsieur, ça y est!* » Alors j'aviserai.

— Cha chuffit, mochieu ; comptez sur moi.

Quelques jours se passèrent.

Mon Auvergnat, pénétré de l'importance de son mandat, lisait scrupuleusement le *Saltabadil,* mais il ne me disait rien.

— Eh bien ? lui demandai-je un matin.

— Eh bien ! mochieu, cha n'est pas encore bien méchant.

— Ah! ah!

— Mais cha n'est pas bien aimable non plus. Ils ne chont pas très polis pour vous dans che journal... Après cha, vous chavez, vous m'avez recommanda de pas y regarder de trop près.

— Non, mon ami.

— Ils se fichent de vous cependant, mochieu.

— Tu crois?

— J'en chuis chur.

— Que veux-tu, Louis ? il faut que chacun fasse son métier... et pourvu qu'ils n'aillent pas trop loin...

— Che veille, mochieu, che veille.

— Très bién, bon pastour.

⁂

Pas plus tard que le surlendemain, Louis entrait dans ma chambre à coucher. Il était rouge comme un coquelicot.

— Qu'as-tu, Louis ? lui dis-je.

— Moçhieu, cha y est.

— Bah !

— Vous avez vostre paquet.

— Explique-toi.

— Tenez, dit-il, en déployant le *Saltabadil*... à la troijième colonna... regardez.. On vous traite de *porichinelle*.

— Polichinelle, tu veux dire.

— On dit *porichinelle* chez nous.

L'Auvergnat s'était laissé tomber sur une chaise.

— Qu'en pensez-vous, mochieu ? me demanda-t-il.

J'avais le *Saltabadil* dans la main ; je le tournais et le retournais machinalement.

— Heu ! heu ! murmurai-je.

— Chela pache les bornes de la polémique, je crois.

— Trouves-tu ?

— *Porichinelle* est une groche chottise.

— Cela n'est pas certain. Cela dépend du point de vue où l'on se place. Polichinelle est un personnage historique, un type de l'ancienne Comédie Italienne. Henri IV ressemblait beaucoup à Polichinelle.

— Est-che possible ?

— Oui, mon ami, tu peux aller t'en assurer au Cabinet des Estampes.

— Eh bien ! mochieu, moi, à vostre plache, je me fâcherais.

— Tu aurais tort. Il y a une grande différence entre la plaisanterie et l'invective. La première vous fait sourire, la seconde vous fait monter la moutarde au nez.

— Chustement, *Porichinelle!* Fouchtra de la Catarina !

— Polichinelle n'a rien de particulièrement désobligeant, quoique peu parlementaire. Cela rentre dans la jovialité. Je t'engage à passer condamnation là-dessus, et à réserver ton indignation pour une occasion plus saisissante.

— Mochieu a vraiment trop bon caractère ! grommela l'Auvergnat en se retirant.

✿

Je demeurai près d'une semaine sans recevoir de communications de Louis.

Il continuait cependant à lire le *Saltabadil,* mais il souffrait visiblement de cette lecture. Je le surprenais quelquefois fermant les poings et apostrophant le journal à demi-voix.

— Oh! chi chétait moi... quelle racla de la tripota!!!

Et il me jetait un regard de compassion en réprimant un soupir.

Enfin, il ne put y tenir longtemps. Un jour, comme je sortais de chez moi, vers midi, il se précipita à ma rencontre.

— Mochieu! mochieu! s'écria-t-il.

Il brandissait le *Saltabadil*.

— Encore? fis-je avec un accent véritablement contrarié.

— Cheste fois, vous jêtes empoigna de la belle fachon!

— Diable!

— Echigna du haut en bas!

— Eh bien! veux-tu me faire un plaisir, mon petit Louis?

— Quel plaisir?

— Ne me parle de cela que demain matin.

— Et pourquoi pas tout de chuite? dit-il, stupéfait.

— Parce que je vais à un déjeuner d'amis... un excellent déjeuner... et que je veux n'y apporter aucune mélancolie, aucune irritation.

— Mais, mochieu, ch'est que ch'est exchechivement grave!

— Raison de plus.

— On dit de vous des choches...

— Il sera toujours assez tôt pour les apprendre.

— On prétend que...

— A demain!... On ouvre les huîtres.

Je fus presque obligé de repousser le bras de fer du

jeune Auvergnat qui s'était attaché à moi, et je m'échappai en riant.

Il suffoquait.

✠<br>✠ ✠

Je ne le revis pas de quelques jours.

L'impressionnable montagnard avait eu un commencement de congestion cérébrale.

Lorsqu'il fut entièrement rétabli, il me déclara avec un certain ton de dignité qu'il renonçait à lire pour moi le *Saltabadil*, — du moment que *cela était complétement inutile,* et puisque monsieur était *inchenchible.*

— Comme tu voudras, lui dis-je; tu me forces à faire des économies; voilà tout.

De cette façon, j'ai toujours ignoré ce que le *Saltabadil* avait bien pu écrire de moi le matin de mon déjeuner d'amis.

C'était peut-être très grave, en effet.

## XXVII

## LE SAUMON

Il y a aussi ceux qui acceptent la République comme un pis-aller.

Ceux-là font une étrange grimace : moitié sourire, moitié bouderie.

Ils ressemblent à un acheteur auquel les marchandes de la Halle proposeraient un saumon.

— Un superbe saumon, monsieur! Flairez-moi cela! comme c'est sain! comme c'est beau!

— Oui, il est très beau, votre saumon... mais je préférerais une sole.

— Il n'y a plus de sole.

— Ou bien un turbot.

— Les turbots ne valent rien en ce moment.

— Vraiment! murmure l'acheteur visiblement contrarié; comme c'est désagréable!

— Allons, monsieur, accommodez-vous de mon beau saumon, dit gaiement la marchande.

— C'est que je n'aime pas le saumon.

— Pourquoi?

— Le dernier que j'ai mangé n'était pas frais, et il m'en est resté une arête dans le gosier.

— Celui-ci est bien différent; c'est de la crème; essayez-en, monsieur, vous en serez satisfait.

— Croyez-vous ?

— J'en suis sûre... Et puis, il n'y a pas d'autre chose sur le marché.

— Ah! il n'y a pas d'autre chose?

— Non, monsieur.

— Eh bien, donnez-moi votre saumon, dit l'acheteur en soupirant.

Et il ajoute en emportant le poisson sous son bras :

— Cela vaut encore mieux que de mourir de faim!

## XXVIII

### LES SONNEURS

On lisait il y a quelque temps dans tous les journaux:
« Les sonneurs de l'église Saint-Vincent-de-Paul, au Havre, sont de nouveau en grève... »

Ne dirait-on pas le début d'un conte humouristique d'Hoffmann, transplanté dans la Seine-Inférieure?

Essayons de nous figurer ce que peut être une grève de sonneurs.

La scène est dans la sacristie de ladite église.

Les marguilliers sont réunis (rien du chœur de la *Dame blanche*). Ce sont tous de graves personnages, uniformément vêtus de noir, appartenant à la meilleure compagnie.

... A propos de marguillier, il me revient à la mémoire un bien joli portrait d'un merle, par Alfred de Musset : « Son beau bec jaune et son bel habit noir à la française lui donnaient l'air d'un marguillier en train d'avaler une omelette. »

— Eh bien ! monsieur de Tancarville, vous savez la nouvelle ?

— Quelle nouvelle, s'il vous plaît ?

— Nos sonneurs...

— Qu'ont-ils fait, nos sonneurs, monsieur Barfleur ?

— Ils ne sonnent plus.

— Pas possible ! Ils ont donc bien bu ?

— Ce n'est pas cela. Ils pourraient sonner, mais ils ne veulent pas sonner.

— Diable !

— Ne jurez donc pas, monsieur de Tancarville.

— Je ne jure pas, mon cher Barfleur ; je pousse une exclamation quelconque... Et pourquoi ces sonneurs refusent-ils de sonner, je vous prie ?

— Vous le devinez bien... parce qu'ils veulent être augmentés.

— Dame ! ce doit être un métier fatigant.

— Allons donc ! Toute la fabrique est indignée ; demandez plutôt à M. de Jumièges.

— Indignée.... affirme M. de Jumièges en cueillant dans une boîte un bonbon pectoral.

— Ce sont des prétentions que nous ne pouvons pas souffrir !

— Que nous ne voulons pas souffrir ! ajoute le jeune Montivilliers.

— Vous avez peut-être raison, dit M. de Tancarville, à qui cela paraît fort indifférent.

— Où en serions-nous si de simples sonneurs prétendaient dicter des lois aux membres du conseil ? Nous résisterons.

— Je vous approuve.

✦

— Oui, mais comment faire ?

— Comment faire ? répète machinalement M. de Tancarville ; eh bien, il faut prendre d'autres sonneurs.

— Où cela ?

— Dans les autres églises, apparemment.

— Ah ! voilà... C'est que ceux qui sont dans les autres églises y restent, et ne peuvent pas partager leur temps, répond M. Barfleur ; ils ont bien assez d'occupations comme cela. Comment leur serait-il possible, en effet, de sonner les vêpres à Saint-François en même temps qu'à Saint-Vincent-de-Paul ?

— Je n'y avais pas songé, dit M. de Tancarville ; mais ne peut-on pas en détourner quelques-uns ?

— Nous en avons bien eu le projet un instant ; mais il aurait fallu leur offrir des avantages supérieurs... C'était tourner dans un cercle vicieux.

— Evidemment. Alors, passons-nous de sonneurs.

Toute la fabrique se récrie.

— C'est impossible ! Une église muette ne se comprend pas. Les fidèles ont besoin d'être appelés. Sans sonneries, plus de baptêmes, plus de noces, plus d'enterrements. C'est une superstition, soit, mais nous l'avons laissée s'enraciner. Il faut la subir.

M. de Tancarville semble réfléchir; c'est décidément la forte tête du conseil.

— Créons une école de sonneurs, dit-il enfin.

— L'idée est excellente, fait M. Barfleur; mais en attendant?... Des sonneurs ne s'improvisent pas du jour au lendemain.

— Croyez-vous?

— J'en suis sûr. On naît marguillier, on devient sonneur.

— Qu'est-ce que cela a donc de si difficile de tirer une corde qui correspond à une cloche?

— Au fait..., murmure M. de Jumièges.

— Si nous essayions ! s'écrie le jeune Montvilliers.

— Essayons ! répète la fabrique.

On se transporte au clocher.

Vous rappelez-vous le discours de Quasimodo à ses cloches?

« Va, va, Gabrielle, verse tout ton bruit dans la place, c'est aujourd'hui fête ! — Thibauld, pas de paresse, tu te ralentis; va donc ; est-ce que tu t'es rouillé, fainéant? — C'est bien ; vite ! vite ! qu'on ne voie pas le battant ! C'est cela, Thibauld, bravement ! — Guillaume, Guillaume, tu es le plus gros, et Pasquier est le plus petit, et Pasquier va le mieux. — Bien, bien, ma Gabrielle ! fort, plus fort ! »

Hélas! les cloches de Saint-Vincent-de-Paul du Havre n'ont pas de Quasimodo. Elles sont silencieuses et noires comme des veuves.

La fabrique est arrivée au bas du clocher ; elle lève la tête, elle voit des cordes qui pendent.

— C'est bien simple, dit M. de Tancarville ; accrochons-nous à ces cordes, et mettons-les en branle.

— Bravo !

— Commençons par celle-ci. Allons, monsieur Barfleur ; allons, monsieur de Jumièges, empoignez-moi ça !

— Peut-on garder ses gants ? Cela a l'air joliment rude...

— Y êtes-vous ? Une, deux, trois... Tirons !

— Tirons !

— Ça ne va pas, dit le jeune Montivilliers.

— Il faut nous encourager mutuellement par des mélopées naïves, comme les gens du port. Voyons, recommençons ça. *Hisse à haut!* dit M. de Tancarville en imitant le balancement et l'accent des matelots.

— *Hisse à haut !* fait M. Barfleur.

— *Hisse à haut !* fait le jeune Montivilliers.

— Dites donc, Jumièges ? dit M. de Tancarville en s'interrompant tout à coup et en souriant.

— Quoi ?

— Qui est-ce qui nous aurait dit que nous deviendrions un jour des sonneurs?

— Nécessité fait loi, répond philosophiquement M. de Jumièges.

— Mais nous entend-on au moins? demande M. Barfleur ; nous ne pouvons pas juger ici de l'effet produit au dehors. Monsieur Lorgemont, sortez donc un peu s'il vous plaît, pour vous rendre compte de la besogne que nous faisons.

— Volontiers.

— Et nous, messieurs, continuons à sonner... *Du courage! à l'ouvrage!* comme on chante dans M. Scribe.

— *Digue din don ! Digue din don !*

— *Hisse à haut !*

Voilà M. Lorgemont qui revient précipitamment en se bouchant les oreilles.

— Cessez ! cessez ! s'écrie-t-il.

— Comment, que nous cessions ?

— Ah ! quelle cacophonie ! quel charivari ! Vous allez jeter l'alarme dans tout le quartier !

— Est-ce possible ! disent les membres de la fabrique désappointés.

— Rien de plus certain. Renoncez vite à cette déplorable tentative, si vous ne voulez pas occasionner une émeute !

— Au moment où cet art nouveau allait peut-être me livrer ses secrets ! dit M. de Tancarville.

— Et moi qui commençais à avoir soif ! soupire M. Barfleur.

L'affaire en est là.

Les sonneurs céderont-ils ? ou la fabrique de Saint-Vincent-de-Paul mettra-t-elle les pouces ?

J'ai prié un de mes amis de me tenir au courant de ce drame.

## XXIX

## LE DÉPART DE PARIS

Le théâtre représente une chambre d'hôtel. Entre minuit et une heure. Un couple provincial est en train de se coucher.

Monsieur. — Tu sais, ma chère amie, nous partons demain.

Madame. — Déjà?

Monsieur. — Comment déjà! voilà six semaines que nous sommes à Paris, et nous ne devions y rester que huit jours.

Madame. — Comme le temps passe vite!

Monsieur. — Je ne trouve pas. Je suis littéralement éreinté.

Madame. — Oh! vous d'abord, vous êtes toujours éreinté...

Monsieur, *laissant tomber cette boutade.* — Veux-tu que je te fasse voir mon agenda?

Madame. — Quel agenda?

Monsieur. — Celui où j'ai noté jour par jour l'emploi de notre temps... de tout notre temps, mignonne.

Madame. — Je me moque de votre agenda ! Je vous dis que nous n'avons presque rien vu.

Monsieur. — Quelle exagération ! Je te prends en flagrant délit d'exagération. Nous sommes allés onze fois à l'Exposition, souviens-toi, mignonnette... *remember !*

Madame. — Laissez-moi donc me déshabiller.

Monsieur. — Onze fois !

Madame. — Ne dirait-on pas que vous vous êtes beaucoup fatigué à me promener ? La plupart du temps, c'est mon cousin qui vous remplaçait.

Monsieur. — J'en conviens. Excellent Ferdinand ! je ne suis point ingrat envers lui. C'est un charmant suppléant... qui ne serait point déplacé dans une chaire du Collége de France. Hé ! hé ! (*Il rit.*) Raison de plus pour ne point abuser de sa complaisance. Ferdinand a droit au repos comme moi.

Madame. — C'est à peine si j'ai mis les pieds au théâtre.

Monsieur. — Et les *Cloches de Corneville*, pour lesquelles j'ai loué une loge de quatre cents francs ?

Madame. — Comment de quatre cents francs ?

Monsieur. — Je me trompe... de quarante francs. C'est écrit sur mon agenda.

Madame. — Je n'ai pas vu Sarah Bernhardt.

Monsieur. — Mais si.

Madame. — Mais non !

Monsieur. — Tu crois ne pas l'avoir vue, mais tu l'as vue. Elle est si mince !

Madame. — Je vous dis qu'elle ne jouait pas dans les *Fourchambault*. Il est impardonnable de ne pas connaître Sarah Bernhardt.

Monsieur. — Oh! impardonnable!... Je te pardonne, moi. Veux-tu sa photographie en petit bonhomme?

Madame. — Finissez... vous allez marcher sur ma natte.

Monsieur. — Tu ne me reprocheras pas, au moins, de ne pas t'avoir fait voir Capoul?

Madame. — A des places de deuxième galerie.

Monsieur. — Il n'y avait plus que celles-là.

Madame. — Eh bien! et l'Opéra?... m'avez-vous menée à l'Opéra? On dit qu'il y a une pièce très amusante, *Polyeucte*, je crois.

Monsieur, *pâlissant*. — *Polyeucte*... je ne sais pas. On m'avait affirmé que le théâtre était en réparations.

Madame. — Quand je vous dis que je n'ai rien vu, rien! rien!

Monsieur. — Tu faux, ma chère, ah! tu faux. Tu as vu les princes étrangers.

Madame. — Quels princes étrangers?

Monsieur. — Le prince de Galles, parbleu! et les czarewitchs, et les magyars, et les chefs arabes... Ce ne sont pas là des personnes que l'on coudoie tous les jours dans notre département.

Madame. — Je ne les ai pas coudoyés.

Monsieur. — C'est une manière de dire, ma colombe.

Madame. — Vous êtes impatientant avec votre gesticulation.

Monsieur. — Tu ne t'en es jamais plainte qu'à Paris.

Madame. — C'est qu'à Paris... à Paris... on a d'autres idées.

Monsieur. — Voilà pourquoi j'en ai assez de ta capitale du monde. Je n'y ai plus mes habitudes ni mes aises. Je ne sais pas comment j'y vis; je doute à chaque instant de mon identité. — O mon tranquille intérieur de Mende (Lozère)!

Madame. — Trop tranquille!

Monsieur. — Comment peux-tu lui préférer ce banal appartement d'hôtel, ces meubles vulgaires, ces murailles sans intimité?

Madame. — Cela nous change un peu, mon ami.

Monsieur. — Cela nous change trop. On n'est pas chez soi... témoin ce monsieur qui est entré chez nous au milieu de la nuit, en chemise et avec un bougeoir à la main.

Madame, *riant*. — Ah! ah! ah! Comme il était drôle! la singulière figure qu'il a faite en s'excusant!

Monsieur. — Oui, et j'ai même cru qu'il ne s'en irait pas à force de s'excuser. Il oubliait complétement l'insuffisance de son costume. Il ne cessait de s'incliner, et le vent de la porte...

Madame. — Vous pensez toujours à mal... Le pauvre monsieur s'était trompé de chambre, à ce qu'il nous a raconté.

Monsieur. — Oui, c'est la même clef qui ouvre toutes les chambres de l'hôtel. Comme c'est rassurant!

Madame. — Tenez, vous n'avez jamais aimé les aventures.

Monsieur. — Je te demande pardon; mais il y a aventures et aventures, et celle de ce monsieur en chemise ne m'inspire aucun enthousiasme.

Madame. — Vous avez tort, c'était excessivement plaisant. Est-ce que vous n'êtes pas quelquefois en chemise, vous aussi?

Monsieur. — Il n'y a aucune comparaison à établir entre ce monsieur et moi. D'ailleurs, je me méfie de cet individu, qui, au lieu d'ensevelir sa honte dans l'ombre et le silence, a profité de cet incident pour essayer de se lier avec nous.

Madame. — Bast! quels inconvénients voyez-vous à cela?

Monsieur. — De très graves... Si son exemple allait être suivi par les autres locataires!

Madame. — Vous me faites frémir. Mettez vite le verrou, Georges.

⁂

Monsieur, *entré le premier au lit*. — Allons, bon! Crac! Poum!

Madame. — Qu'est-ce qui vous prend, mon ami?

Monsieur. — Le sommier! l'horrible sommier! Il est plein de montagnes et de ravines; n'as-tu pas remarqué?

Madame. — Mais non.

Monsieur. — A chaque mouvement que je fais, je bondis.

Madame. — Moi aussi, je bondis, mais je n'y fais pas attention.

Monsieur. — Il serait si simple de fabriquer des sommiers comme à Mende.

Madame. — Et c'est pour cela que vous voulez quitter Paris ?

Monsieur. — Pour cela, et pour le reste... pour la nourriture, par exemple.

Madame. — Qu'est-ce que vous lui trouvez donc, à la nourriture ?

Monsieur. — Je ne lui trouve aucun goût. Toujours du filet aux pommes... Crois-tu que cela vaille la cuisine de notre vieille Catherine ?

Madame. — Je n'ai jamais placé comme vous votre Catherine sur un piédestal. (*Elle se couche à son tour.*)

Monsieur. — Crac ! Poum ! Parfait !... Quand je te le disais !

Madame. — Mon ami, vous devenez ridicule.

Monsieur. — Dans tous les cas, je ne le serai plus dans vingt-quatre heures. Apprête-toi à prendre le chemin de fer demain soir.

Madame. — C'est bien décidé ?

Monsieur. — Tout ce qu'il y a de plus décidé.

Madame. — Encore trois jours ? Rien que trois jours !... Je n'ai pas vu la Chambre de Versailles. Ah !

Monsieur. — Tu as vu notre député. C'est tout comme.

Madame. — Georges, vous êtes un tyran !

Monsieur. — Crac ! Poum ! Vas-tu rester tranquille ?

Madame. — Je pleurerai jusqu'au jour.

Monsieur. — Bonsoir.

Madame. — Monstre !

Monsieur, *rêvant*. — O bonheur des élus! Paradis de la Lozère !... Reprendre mes bonnes parties de bézigue au Cercle du Commerce!

Madame, *rêvant*. — Au moment où j'allais devenir tout à fait Parisienne !

## XXX

## LE PÈRE

..... Le père avait résolu de se tuer ce soir-là, pour des motifs commerciaux, — et pour d'autres motifs encore.

A midi, lorsqu'il eut achevé d'écrire ses dernières volontés, il alla chercher son fils, un enfant de huit ans, dans un des pensionnats du faubourg Saint-Jacques, où sont les derniers grands jardins entourés de grands murs.

C'était un dimanche, à l'heure de la récréation.

— Paul! Paul! s'écrièrent les élèves, viens donc, voici ton père!

Un bambin accourut, tout rouge et tout ébouriffé.

Le père le prit dans ses bras en lui disant :

— Je t'emmène avec moi ; nous passerons la journée ensemble. Va mettre ta tunique.

L'enfant ne manifesta qu'une joie tempérée,

On sortit par un fort beau temps; le soleil resplendissait, et il y avait du monde plein les rues.

— Où veux-tu que nous allions? demanda le père; je ferai aujourd'hui tout ce que tu voudras.

Paul exprima le désir de voir les boulevards, les Champs-Élysées, les Tuileries.

De temps en temps, le père l'examinait d'un air singulier, les yeux humides.

— M'aimes-tu bien ? lui disait-il.

— Oui, papa.

— Et si tu ne me voyais plus, aurais-tu du chagrin ?

— Oui, papa.

— Beaucoup de chagrin ?

— Oui, papa... Oh! le beau magasin! Regarde donc !

On s'arrêtait devant le magasin ; ensuite, quelques pas plus loin, le père reprenait :

— Sais-tu bien, mon petit Paul, que je peux mourir?

— Oh! non, papa, tu es trop grand et trop fort pour cela.

— Cela n'est pas une raison. Penserais-tu à moi si ce malheur m'arrivait ?

— Oui, papa.

— Souvent ?

— Tous les jours.

— Et tu regarderais quelquefois mon portrait, n'est-ce pas ?

L'enfant ne répondit point, et parut embarrassé.

— Est-ce que tu n'aurais plus la photographie que je t'ai donnée l'autre jour?

— Papa... je vais te dire... tu ne te fâcheras pas ?

— Tu l'as perdue ?

— Oh! non ; je l'ai changée contre celle du général Boum.

Le père demeura abasourdi.

✧<br>✧ ✧

On épuisa la série des divertissements enfantins; le jeu de bagues, le théâtre de Guignol.

L'heure du dîner sonna. On entra dans un restaurant, rempli de mouvement et de bruit.

— Demande ce qui te fera plaisir, dit le père d'un air distrait.

— Et toi, papa ?

— Moi, je n'ai pas faim.

L'enfant, libre de toucher à son rêve, demanda des sardines, des pommes de terre frites et une tasse de chocolat.

Un coude sur le coin de la table, le père pensait tout haut :

— Tu grandiras, Paul. Tu verras alors comme c'est dur la vie. Et comme c'est triste souvent ! Apprête-toi à lutter, apprends à te défendre. Sois actif; le temps est si court! Reste honnête, c'est le principal ; l'honnêteté console de tout, et fait tout supporter. Elle coûte cher quelquefois, c'est égal. J'ai toujours été honnête, moi, sans récompense... au contraire ; mais est-ce que ce n'est rien que la conscience, et l'espoir de l'autre monde ? Quoi que tu apprennes, lorsque je ne serai plus, tu pourras être fier de ton père. Il n'a jamais fait de mal à personne.

Mon pauvre enfant! rien ne m'a réussi. Je ne te laisserai pas cependant complétement abandonné : oh! non. Tu auras de quoi devenir un homme, un savant si tu veux. Par exemple, passé vingt ans, il faudra que tu te suffises à toi-même.

Je t'aurai armé, c'est tout ce que j'aurai pu faire. Le reste à la grâce de Dieu ! Tu auras peut-être meilleure chance que moi.

L'enfant bâillait.

La nuit était venue. Tous deux reprirent le chemin de la pension, lentement, par les plus longs détours.

Le père ne disait plus rien ; il se contentait de serrer la main de son fils.

Ils arrivèrent ainsi devant les grands murs de la pension. Ce fut Paul qui sonna.

— Embrasse-moi encore !, dit le père avec désespoir.

— Je veux bien, mais c'est au moins la vingtième fois aujourd'hui !

— Eh bien !... la dernière?

— Tu me mouilles la joue... Papa, ne me serre pas si fort.

La porte venait de s'ouvrir.

— Adieu, Paul ! Adieu ! mon enfant !

L'enfant se hâta de se débarrasser de cette étreinte ; puis, après un peu d'hésitation, il se décida à dire :
— Tiens, papa, si tu veux être bien gentil, tu ne viendras plus me chercher le dimanche... tu choisiras un autre jour... parce que, vois-tu, le dimanche, je m'amuse bien mieux avec mes camarades qu'avec toi.

## XXXI

### NOSTRADAMUS FILS

———

J'ai un ami qui est singulièrement épris de Nostradamus.

Au dix-neuvième siècle ! à l'époque où nous sommes ! -

Aussi est-il un profond sujet d'étonnement pour moi.

De Nostradamus on ne connaît guère aujourd'hui que le nom. On sait vaguement que c'était un astrologue provençal, un prophète prophétisant. A travers les brumes du passé, on se le représente avec une longue barbe, coiffé d'un haut chapeau pointu, enveloppé d'une robe semée d'étoiles et de signes cabalistiques, tenant une baguette à la main.

Toute ma science se bornait à ce portrait de fantaisie, lorsque mon ami entreprit sérieusement mon éducation.

— Je te vois avec peine, me dit-il un jour, méconnaître un des génies les plus prodigieux que la terre ait portés.

— Un génie ? Qui cela ?

— Nostradamus.

— Laisse-moi tranquille avec ton sorcier !

— Peux-tu flétrir de ce nom ridicule un grand homme !

— Qu'a-t-il donc fait de si beau, ton grand homme ?

— Il a prédit l'avenir.

— Comme cela ? tout tranquillement ? entre ses repas ?

— Certainement... Il le dit lui-même dans ces vers :

J'annonce vérité simplement et sans pompe,
Et mon présage vrai nullement ne me trompe.

— Et tu prends cela pour des vers ? fis-je en haussant les épaules ; tu n'es pas difficile.

— Tout est dans Nostradamus, proféra gravement mon ami ; tu en conviendrais comme moi si tu avais lu ses *Centuries*.

— Ses rapsodies !

— C'est un livre médullaire.

— Ecrit en charabia.

※

— Voyons, continua mon ami, sois sincère... Est-il

possible de prédire le massacre de la Saint-Barthélemy plus clairement que dans ce quatrain :

> Le gros airain qui les heures ordonne,
> Sur le trépas du tyran cassera.
> Pleurs, plaintes, cris; eau, glace, pain ne donne;
> V. S. C. Paix, l'armée passera.

Q'en dis-tu?
— Je dis que c'est fou.
— Et la conspiration de Cinq-Mars... Veux-tu voir la conspiration de Cinq-Mars fidèlement annoncée dans le quatrain 68 de la centurie VIII?

> Vieux cardinal par le jeune déçu,
> Hors de sa charge se verra désarmé.
> Arles démonstre, double soit aperçu,
> Et l'aqueduc et le prince embaumés.

Hein? est-ce assez limpide?
— Je ne trouve pas.
— Comment! *vieux cardinal*, c'est le cardinal de Richelieu... Par *le jeune déçu*, ne vois-tu pas le grand écuyer, le jeune Cinq-Mars?... Tu sais parfaitement que Cinq-Mars avait supplanté le cardinal dans la faveur du roi?
— Oui, il y a même une grande quantité de pièces et de romans sur ce sujet... Mais Arles? qu'est-ce que vient faire Arles là-dedans? *Arles démonstre...*
— Ignorant! ignorantissime! Tu ignores donc qu'après sa disgrâce le cardinal de Richelieu se retira à Tarascon?
— A Tarascon, mais pas à Arles.

— Arles, Tarascon... les deux villes sont si voisines... Dans tous les cas, c'est à Arles qu'il reçut le double du traité que Cinq-Mars avait passé avec l'Espagne... *Double soit aperçu*. Ici Nostradamus triomphe absolument.

— Si cela te fait tant plaisir !

— Arrivons au dernier vers : *Et l'aqueduc et le prince embaumés...* Celui-ci n'a pas besoin d'explications, je suppose.

Je regardai mon ami avec effarement.

— Pas besoin d'explications ! Tu veux railler sans doute. Ce vers, comme tu persistes à l'appeler, est un véritable pot au noir... un chat n'y verrait goutte.

— Un chat peut-être... Moi, j'y lis, comme dans un miroir, la mort du roi et celle du cardinal.

— Bah !

— Suis bien mon commentaire. Le roi ou le *prince*... c'est la même chose.

— Accordé. Mais l'*aqueduc !* qu'est-ce que c'est que l'*aqueduc ?*

— Tu ne devines pas ?

— Non.

— Eh bien ! c'est le cardinal.

— Le cardinal ?

— Certainement. L'*aqueduc* est un nom familier que Nostradamus lui donne en passant.

— Mais pourquoi ? pourquoi ?

— Parce que le cardinal s'était fait conduire par eau. Tu vois bien comme c'est simple.

Mon ami profita de l'ébranlement produit en moi par le coup que je venais de recevoir, pour continuer ainsi :

— Un homme de cette force ne pouvait manquer de prédire sa mort ; il l'a fait dans le style le plus transparent, dix ans avant l'heure fatale :

De retour d'ambassade, don du Roi, mis au lieu,
Plus n'en fera, sera allé à Dieu.
Proches parents, amis, frères de sang ;
Trouvé tout mort près du lit et du banc.

On montre encore le banc où il avait coutume de de s'asseoir toutes les après-dînées.

Je m'étais remis.

— Me feras-tu le plaisir de m'apprendre où ton Nostradamus trouvait toutes ces belles choses?

— Dans sa tête... et dans les astres.

— Bien gentils, les astres, de livrer ainsi leurs secrets!

Plus tard, j'ai su que mon ami, n'y tenant plus, s'était mis bravement à continuer Nostradamus.

Il prophétise comme lui.

Comme lui, d'intelligence avec la lune et les étoiles, il arrange l'avenir en quatrains.

Je le rencontre quelquefois, et je m'amuse de sa douce folie. Je le consulte, il a réponse à tout ; on ne le prend jamais sans verd.

— As-tu trouvé dans quelqu'une de tes planètes une solution au conflit ottoman ? lui ai-je demandé la semaine dernière.

— Oui, dans Saturne.

Et il m'a récité :

> Lances, croissant, mamamouchis, Prophète,
> Seront jugés; peste, flottes, fardeaux.
> A toi! à moi! Occis, jambes et tête,
> L'an de l'hégire et soleil dans le dos.

— Merci. Me voilà bien avancé. Désormais, je ne veux plus jouer à la Bourse avant de t'avoir fait le quatrain.

— Ne te gêne pas : j'en ai plus de deux mille sur la planche, et avant l'année prochaine j'espère bien avoir doublé ce chiffre.

— Deux mille!

— Sur toutes les questions.

— Même sur le cléricalisme ?

— Le cléricalisme... attends un peu... Centurie VI.... quatrain onzième :

> Après façons, de nuit, gent juponnière,
> Poussée un peu, ira vers l'Océan;
> Cher Dumollet, déconfit, vent arrière,
> Clef, paillasson, *amen!* pelle au séant.

— Tu m'éblouis!

Il murmura modestement :

— Je suis doué, je dois en convenir. N'est-ce pas que je suis entré tout à fait dans la peau de Nostradamus?

— Tu es Nostradamus II.

— C'est à l'avenir à prononcer.

— Maintenant, dis-moi une centurie *sur les mœurs*.
— Tu es insatiable.
— Ecoute donc, on n'a pas tous les jours la chance de marcher sur un magicien !
— Tais-toi, tu me ferais brûler si on t'entendait.
— La centurie ! la centurie !
— Volontiers. J'ai le regret de t'annoncer que les mœurs iront de mal en pire. Aussi m'a-t-il fallu leur consacrer deux quatrains :

> Noces, festins, cocottes affolées,
> Amèneront procès tout pleins de suc.
> Puis, Germinal dedans chambres meublées,
> Avec ta sœur, millième *Petit Duc*.

> Louis dans les bas : ousqu'est mon télescope?
> Auch remplaçant Hoche, vivants tableaux;
> Gros numéros inventés pour myope,
> Et mon concierge coupé en vingt morceaux...

— Horrible ! m'écriai-je.
— Mais véridique.
— Et, me serrant la main, mon ami me dit avec un sourire :
— Adieu, je vais m'occuper de ton horoscope.
— Soigne-moi ça.
— Sois tranquille.... comme pour moi... Il y a justement ce soir une conjonction d'astres.

## XXXII

### LA LETTRE CHARGÉE

Comme je rentrais chez moi l'autre soir, mon concierge m'a dit :

— Le facteur est venu pendant votre absence ; il avait une lettre chargée pour vous.

Remarquez que, si j'avais la faiblesse de donner deux cents francs d'étrennes à mon concierge, voici la formule obséquieuse qu'il ne manquerait pas d'employer :

— Le facteur est venu pendant l'absence de monsieur... il avait une lettre chargée pour monsieur.

Mais passons.

Le concierge voulut bien ajouter ces mots :

— Il reviendra demain.

— Vous a-t-il dit à quelle heure ? demandai-je.

— Non.

— Je ne peux pas cependant l'attendre toute la journée. J'ai des courses à faire.

— Tant pis. Il ne doit remettre la lettre qu'à vous-même, et contre votre signature.

— Je sais... C'est bien ennuyeux !

Au fond, j'étais moins ennuyé qu'il ne me plaisait de le paraître.

Etes-vous comme moi, lecteur ? la simple annonce d'une lettre chargée a le don d'amener un sourire sur mes lèvres et de me transporter au pays des idées roses.

※

Ici je m'interromps.

Je m'aperçois qu'il est de très mauvais goût d'interpeller le lecteur.

On peut tomber sur un caractère mal fait ou hautain, — qui repousse vos avances, — ou sur un personnage fort riche ou fort considérable qui s'écrie avec humeur :

— Ah çà ! est-ce que ce monsieur me croit capable d'être ému par une lettre chargée ? Me prend-il par hasard pour un croquant de son espèce ?

Je ne m'adresserai plus dorénavant au lecteur.

※

Cette déclaration posée, je continue.

N'ayant rien d'un personnage considérable, je ne laissai pas que de songer à cette lettre chargée.

J'y rêvai même quelques instants avant de m'endormir, me demandant :

1° D'où elle pouvait venir ;
2° De qui elle pouvait venir ;
3° La somme qu'elle pouvait contenir.

La somme, surtout m'intéressait, bien que je ne sois point vénal à l'excès.

Je m'éveillai de bonne heure, une chanson sur les lèvres. Gai réveil, heureuse journée.

J'avais préparé immédiatement une plume et de l'encre, tout ce qu'il fallait pour signer sur le registre du facteur.

Ce facteur! je m'attendais à chaque instant à l'entendre sonner, à le voir apparaître. Quoi que je fisse pour me soustraire à cette préoccupation, j'avais involontairement l'oreille au guet. Je me levais pour un rien, au moindre bruit.

Enfin on sonna.

Ce n'était pas lui, c'était... Mais que vous importe?

J'essayai vainement d'un travail quelconque ; je voulus me mettre à « écrire quelques lettres », mais j'étais distrait, les mots ne venaient pas se placer sous ma plume, comme d'habitude.

On sonna une seconde fois.

Ce n'était pas lui.

La matinée tout entière se passa de la sorte. A midi, je me décidai à sortir, en murmurant :

— Allons, ce sera sans doute pour demain.

Le soir de ce même jour, le concierge me salua de cette phrase :

— Le facteur est revenu.

— Ah !

— Oui. Presque derrière vous. Au moment où vous sortiez.

— Et qu'est-ce qu'il a dit ?

— Qu'il reviendra encore.

— Je l'espère bien.

Cette fois, je me couchai furieux.

Le lendemain, voulant en avoir le cœur net, je ne bougeai pas de chez moi. Je déjeunai dans mon cabinet. Mais, comme la veille, il me fut impossible de travailler. L'attente n'est pas bonne inspiratrice.

Lorsque, la nuit venue, de guerre lasse, je descendis, le concierge laissa échapper un geste d'étonnement :

— Tiens ! vous étiez chez vous ?

— Certainement. Pourquoi me faites-vous cette question ?

— Parce que le facteur est revenu... Mais, comme je vous croyais sorti, je ne l'ai pas laissé monter.

Je finis par où j'aurais dû commencer : j'allai réclamer ma lettre à la poste.

Je dus revenir plusieurs fois, mais à la fin elle me fut remise.

On suppose que je la décachetai d'une main fébrile.

Eh bien ! non ; dès que je la sentis en ma possession,

— pour me venger du facteur, de moi-même et de ma ridicule impatience, je la laissai trois jours dans la poche de mon habit.

Au bout du troisième jour seulement je l'ouvris avec une apparente nonchalance.

Cette lettre chargée contenait... devinez quoi ?

Une longue pièce de vers, intitulée : *Dernier jour de bonheur*, qui m'était dédiée par une dame de province.

## XXXIII

### INSOMNIES D'UN MINISTRE

I

J'ai beau me tourner et me retourner dans mon grand lit aux colonnes torses, je ne peux parvenir à goûter le repos.

Les heures s'écoulent, et Morphée se refuse obstinément à me céder quelques-uns de ses pavots, que je lui payerais cependant ce qu'il voudrait, et plus cher que chez aucun herboriste.

Que ne donnerais-je pas pour être semblable au gros Wittersheim, qui a l'heureux privilége de dormir debout pendant toute la journée? Insouciant Wittersheim !

## II

Moi, je suis étendu horizontalement, la tête légèrement exhaussée sur un oreiller brodé de dentelles, et je demeure les yeux ouverts.

Une lanterne en verre dépoli, pendue au plafond, jette dans la chambre sa lueur douce et vacillante, et je regarde la lanterne, pâle, le front plein d'une sueur froide.

Un poëte fameux (ce doit être Belmontet ou Ducray-Duminil) a eu bien raison de s'écrier : « L'oreiller du remords est rembourré d'épines ! »

## III

Si je parviens à m'endormir, ce n'est que pour cinq ou six minutes, et je suis aussitôt assiégé par les rêves les plus fantasques.

Les infusions de tilleul et de camomille sont impuissantes à combattre cette affection ; et mon médecin, qui est cependant le plus beau médecin de la Faculté, passé à toutes les crèmes et à toutes les eaux de toilette, y perd son latin de boudoir.

Qui me délivrera du cauchemar, et surtout du cauchemar politique ?

## IV

Tout à l'heure, un petit homme, avec une grande barbe aux reflets rougeâtres, s'est assis sur ma poitrine. J'ai voulu crier et je n'ai pas pu.

Ce petit homme était lourd comme du plomb ; il me regardait de ses gros yeux à demi sortis de l'orbite comme ceux des idoles japonaises, et il murmurait : « Tu es dans le faux ! tu es dans l'archi-faux ! faux ! faux ! »

Il accompagnait ce refrain de mille gambades sur mon estomac. Et j'ai reconnu en lui un journaliste radical qui m'a souvent rendu bien malheureux.

## V

Soudain le petit homme a tiré je ne sais d'où une scie, une longue scie, avec laquelle il s'est mis en mesure de me découper.

De temps en temps, il poussait des exclamations de joie et disait, en se parlant à lui-même : « Elle va bien la scie ; elle est longue, la scie ; elle a de belles dents reluisantes et qui s'enfoncent dans la chair, la scie, la scie ! »

Il riait alors, et son rire me paraissait aussi grinçant que sa scie.

## VI

Et puis, il en est venu d'autres, d'autres petits hommes ; il en est sorti de tous les coins de l'appartement, de derrière les rideaux, les armoires, les placards, une véritable armée.

Ils ont entrepris l'escalade de mon lit, les mécréants, ils sont montés à l'assaut de mes couvertures, les Sarrasins ! Les uns vociféraient la *Marseillaise ;* les autres sonnaient le tocsin ; il y en avait un, le plus petit de tous, qui battait du tambour à mes oreilles comme un enragé.....

## VII

A l'aide ! au secours ! Rallumons les bougies ! rallumons tout ! Faisons la lumière autour de moi ! Encore plus de lumière !

Comment faire pour chasser ces fantômes de mon cerveau ? Si j'essayais de la lecture ? Oui, c'est une bonne idée. Ouvrons un livre. Quel livre ? le premier venu.

Je suis tombé sur Molière. Molière est le grand phisophe par excellence. Mais ce n'est pas lui qui me consolera aujourd'hui, car la première phrase qu'aient rencontrée mes yeux est celle-ci : *Que diable allait-il faire dans cette maudite galère ?*

## VIII

Au fait, qu'est-ce que je suis allé faire là-dedans? En vérité, avais-je bien la tête à moi?

Plus j'y réfléchis, plus je suis épouvanté de ma propre audace. Oh! l'ambition!

Maintenant, me voilà embarqué sur la nauf aux aventures. Le temps est mauvais et l'équipage ne me paraît guère habile. Sainte Anne d'Auray, veillez sur moi!

## IX

Il y avait autrefois un homme heureux et doué d'une noble prestance; trop noble, peut-être; il y a des bornes à tout.

Cet homme heureux écrivait des articles assommants dans des revues somnifères, et il se contentait d'une réputation circonscrite entre les branches de trois ou quatre paravents du faubourg Saint-Germain.

Il écrivait aussi des livres qui étaient, pour le public, sacrés comme les odes de Lefranc de Pompignan.

Cet homme heureux, c'était moi.

## X

Hélas ! qu'est-il devenu ? Pourquoi a-t-il déserté ses paravents aristocratiques et ses canapés doctrinaires ?

Le clair-obscur lui était si favorable ! Pourquoi est-il sorti du clair-obscur ?

Depuis qu'il a touché au pouvoir, cet homme heureux est devenu le plus inquiet et le plus agité des hommes.

## XI

Oh ! j'ai soif de villégiature ! J'ai faim de paysages, d'herbages et de fromage blanc.

Le ruisseau de la rue du Bac était bon pour l'auteur de *Corinne ;* moi j'ai des goûts moins modestes que ceux de la baronne de Staël-Holstein.

Remarquez bien que j'écris Holstein et non Hostein, qui est le nom d'un directeur de théâtre. C'est une erreur d'orthographe dans laquelle on tombe fréquemment.

## XII

Je me vois errant sur la plage normande; le ciel est bleu et semble me sourire; la mer vient caresser mollement mes chaussures; les mouettes me souhaitent le bonjour avec leurs petits cris.

Tout à coup, il me semble qu'une théorie de jeunes filles, vêtues de blanc et portant des fleurs, se déroule sur le rivage en se dirigeant vers moi.

Je crois apercevoir une députation de robustes matelots aux mains calleuses, au teint hâlé, se disputant l'honneur de me complimenter et de m'offrir un petit navire orné de tous ses agrès.

Je m'avance en déployant mon plus gracieux sourire, un sourire célèbre parmi les sourires diplomatiques, et je m'apprête à proférer quelques paroles bien senties.

Illusion! mirage! La vision se dissipe en un instant.

## XIII

Je ne suis pas né pour les ovations, et les ovations ne sont pas faites pour moi. Je dois en prendre mon parti.

D'ailleurs, je ne sais rien de plus mauvais ton que les acclamations de la foule. Etre bousculé, coudoyé, heurté, sous prétexte de popularité, est-ce bien là un grand plaisir?

J'appréhenderais beaucoup d'être porté en triomphe par mes partisans. S'ils allaient me laisser tomber!

## XIV

Voici le point du jour; un mince rayon blafard filtre à travers les volets; brisé de fatigue, je cherche encore une *position* dans mon lit.

Et penser que mes ennemis dorment peut-être tranquillement, eux! Peut-être même y en a-t-il qui vont jusqu'à ronfler! Ronfler, les lâches!

Cette idée m'est insupportable; elle ajoute aux tortures de toutes mes nuits.

## XV

Mes nuits!

Il y a des nuits légendaires. Nous avons les *Nuits de Straparole*, mais elles sont amoureuses et gaies; ce n'est pas mon affaire. Nous avons les *Nuits d'Young*, qui se rapprochent davantage de mon cas; puis la

*Nuit de Walpürgis*, avec ses spectres, ses pendus balancés au bord du chemin, ses orfraies, ses souris rouges et ses libraires.

Enfin nous avons les *Nuits* d'Alfred de Musset, débordantes de lyrisme.

Il y aura désormais mes *Nuits* à moi, mes nuits d'insomnie, où le bouffon se mêle à l'atroce, et que j'écrirai pour l'édification des hommes d'Etat, lorsque je ne serai plus au pouvoir, dans bien longtemps, bien longtemps... la semaine prochaine sans doute.

## XXXIV

### A TOI MON CŒUR!

C'était au temps où j'étais jeune et où j'avais de la gaieté à revendre.

Je demeurais alors dans le haut du faubourg Montmartre. J'occupais un deuxième étage dont les fenêtres donnaient sur une petite cour plantée d'arbres. Ce peu de verdure, — une rareté à Paris, — suffisait à la joie de mes yeux.

Pourquoi n'y a-t-il pas de poésie sans mélange?

Hélas! ma propriétaire habitait le premier étage, au-dessous de moi.

Ma propriétaire! — C'était une femme, en effet, si toutefois ce nom peut s'appliquer à un être de cinquante-cinq ans, en robe marron, fagoté ridiculement, d'une laideur immodérée et d'un caractère exécrable.

Elle demeurait avec sa fille et son gendre. Pauvres gens!

Si j'avais pris ma propriétaire en horreur, ma propriétaire, de son côté, m'avait pris en grippe.

Elle ne cessait de se plaindre du bruit que je faisais sur sa tête (calomnie)! et de l'heure indue à laquelle je rentrais (médisance)!

Cela ne pouvait pas durer lontemps.

Cela ne dura pas.

Je la voyais souvent — trop souvent! — sortir de chez elle et traverser la cour. Ce spectacle m'était chaque fois désagréable.

Un matin, elle passa pendant que j'arrosais mes fleurs. Il était de très bonne heure, je croyais pouvoir me livrer impunément à cette pastorale.

Malheureusement quelques gouttes d'eau tombèrent sur la nuque de ma propriétaire.

Elle leva vivement la tête et m'apostropha en ces termes :

— Monsieur, ce que vous faites est indécent... c'est une indignité... cela n'a pas de nom...

Bien qu'ayant parfaitement entendu, je répliquai par un :

— Plaît-il?

Ma propriétaire répéta sa phrase, en l'augmentant et en l'ornant de gestes furibonds.

J'étais de mauvaise humeur; c'est ce qui explique comment, haussant les épaules, je laissai échapper ces simples mots :

— Tu m'embêtes.

Suffoquée, ma propriétaire alla s'évanouir dans la loge du concierge.

J'eus tort, j'eus mille fois tort.

On ne répond pas de la sorte à une femme, quelle qu'elle soit.

Mais que voulez-vous? J'étais dans l'âge de l'irréflexion et de la fantaisie.

Lorsque je sortis pour aller déjeuner, le concierge me dit d'un air malin :

— Qu'est-ce que vous avez donc dit à la propriétaire? Elle est dans tous ses états.

— Moi?... rien... je ne sais plus, répondis-je indifféremment.

— Attendez-vous à la visite de son gendre.

— Le sage doit s'attendre à tout, dis-je d'un ton sentencieux.

✢✢✢

Je n'eus pas la visite du gendre, mais je reçus de lui un billet ainsi rédigé :

*Monsieur,*

*Vous avez insulté ma belle-mère de la façon la plus grossière, paraît-il. Ne vous étonnez donc pas de recevoir demain congé en bonne forme de l'appartement que vous occupez chez elle.*

*A cette signification je joins ici l'expression personnelle de mon étonnement pour votre conduite, si directement en opposition avec les usages établis parmi les gens bien élevés.*

J. ÉMILE VÉRASOL.

— Mauvais style! murmurai-je; évidemment la lettre a été écrite sous la dictée de la belle-mère.

Je répondis sur-le-champ :

*Monsieur,*

*J'accepte avec une profonde gratitude le congé de madame votre belle-mère. Mais ce que je ne saurais accepter, ce sont les termes dont vous l'accompagnez, et c'est surtout l'appréciation de ma conduite. Vous trouverez donc tout naturel, à votre tour, que deux de mes amis se présentent chez vous pour vous demander des explications à ce sujet.*

\*
\* \*

Ce qui suit m'a été raconté par le gendre lui-même, qui est devenu plus tard un de mes amis.

Après la réception de ma lettre, il avait fait comparaître sa belle-mère.

Le gendre. — Ah çà! madame, dans quelle diable d'affaire m'avez-vous fourré?

La belle-mère. — Que voulez-vous dire, mon gendre?

Le gendre. — Voilà maintenant votre locataire qui me provoque en duel.

La belle-mère. — Surcroît d'impudence !... Eh bien?

Le gendre. — Eh bien! Mais, je la trouve mauvaise!

La belle-mère. — J'espère que vous allez donner un bon coup d'épée à ce drôle.

Le gendre. — Vous espérez... vous espérez! Je n'en vois pas la nécessité, moi. Je vous trouve surprenante!

La belle-mère. — Comment! lorsque ce paltoquet a insulté votre belle-mère! Cela ne vous paraît pas une raison suffisante?

Le gendre. — Je ne dis pas... Mais encore est-il utile que je connaisse la nature et la valeur de l'insulte qui vous a été adressée.

La belle-mère. — Eh quoi! vous voudriez?...

Le gendre. — Absolument. Ces messieurs vont venir, et il faut bien que je puisse répondre à leurs allégations, les discuter, s'il y a besoin...

La belle-mère. — A quoi bon discuter? Punissez!

Le gendre. — Permettez, belle-mère; c'est bien le moins que je sache pourquoi je vais punir... en admettant que je me décide à punir. En résumé, qu'est-ce que ce jeune homme vous a dit? Car je ne le sais pas, moi... Vous m'avez poussé à écrire cette lettre sans me mettre au courant... et je vous avoue que je commence à m'en repentir.

La belle-mère. — Il m'a outragée, vous dis-je!

Le gendre. — Bien. Bon, je comprends cela...

La belle-mère. — S'il vous plaît?

Le gendre. — Ne perdons pas de temps, belle-maman; je n'ai pas le loisir de trier mes expressions... De quels termes s'est-il servi?

La belle-mère. — Des plus malséants.

Le gendre. — Cela va sans dire. Mais encore lesquels?

La belle-mère. — Voulez-vous donc me forcer à rougir?

Le gendre. — Rougissez, belle-maman, la rougeur vous va très bien. Voyons, il vous a envoyée promener?

La belle-mère. — Non.

Le gendre. — ... Mieux que cela?

La belle-mère. — Mon gendre!!!

Le gendre. — Ecoutez donc, vous me laissez carte blanche... J'erre dans le champ des plus abominables suppositions. Je cherche à me rappeler les grandes injures historiques, — Cet insolent vous a-t-il insultée en un *seul* mot ou en plusieurs?

La belle-mère. — En plusieurs.

Le gendre. Diable! quelque chose de corsé, alors... N'importe, je dois être éclairé. Allez-y carrément, belle-mère.

La belle-mère. — Impossible!

Le gendre. — Voici un moyen d'épargner votre pudeur : Entrez dans mon cabinet, il y a du papier et de l'encre. Ce que vous n'osez prononcer, écrivez-le. Ah!

La belle-mère. — Oui... cela est préférable, sans doute... et cependant...

Le gendre. — Quoi encore?

La belle-mère. — C'est presque aussi pénible... Au moins promettez-moi de ne lire que lorsque je ne serai plus là.

Le gendre. — Je vous le promets ; mais entrez, entrez vite.

La belle-mère. — O mon Dieu! à quelles épreuves vous me soumettez!

*Elle entre dans le cabinet.*

Presque au même instant, mes témoins se présentaient chez M. Emile Vérasol.

L'embarras du malheureux gendre avait atteint à ses dernières limites. Au début de l'entretien il s'esquiva une minute pour aller voir ce que sa belle-mère avait écrit dans son cabinet ; il ne trouva que cette ligne sur une feuille de papier : *Oh! non, je n'oserai jamais!... Emile, ne l'exigez pas!*

Ahuri, il revint en balbutiant de vagues paroles à ces messieurs, et en leur promettant de les aboucher le jour même avec deux de ses amis.

Je ne lui en laissai pas le temps. J'eus pitié de ce pauvre homme, et je lui écrivis pour la dernière fois :

*Monsieur,*

*D'après la conversation que MM...... ont eue avec vous, il m'a paru que vous ignoriez entièrement les termes de ma prétendue offense envers madame votre belle-mère. Laissez-moi vous renseigner là-dessus. A des apostrophes dont je serais en droit, moi aussi, d'être profondément blessé, j'ai répondu par ces mots, irrespectueux, j'en conviens, mais exclusivement enjoués :* A toi mon cœur !

*Ces mots, je suis prêt à les retirer, pour peu que vous le désireriez.*

A toi mon cœur ! *n'existe plus.*
A toi mon cœur ! *n'a jamais existé.*
*Qu'est-ce qui a donc pu soutenir que quelqu'un avait dit :* A toi mon cœur?
*Ce n'est pas moi, je vous l'affirme.*
*Agréez, monsieur, mes salutations les plus empressées.*

Lorsque M. Emile Vérasol communiqua cette lettre à sa belle-mère, la figure de celle-ci revêtit en moins d'une seconde plusieurs expressions diverses.

— S'il en est ainsi... murmura-t-elle après avoir lu. Et elle ajouta :

— C'est singulier ! Il m'avait pourtant bien semblé avoir entendu...

— Quoi, belle-mère?

— Rien mon gendre.

..... La nuit qui suivit ce jour, les esprits qui veillent au chevet de ma propriétaire purent surprendre avec étonnement les péripéties incohérentes d'un rêve où revenaient sans cesse, en alternant, ces deux phrases si différentes : *A toi mon cœur !* et : *Tu m'embêtes !*

## XXXV

## UN FEU DE CHEMINÉE

Je sonnai, vers onze heures du matin, à la porte de mon ami Louis de Puy-la-Lande.

La veille, j'avais appris par les journaux qu'il allait se marier.

J'accourais chez lui, comme un médecin au chevet d'un malade.

Avec ce despotisme d'amitié et cet orgueil de seconde vue qui nous font décider de l'avenir des personnes qui nous avoisinent, j'avais dans mon esprit arrangé la vie de Louis Puy-la-Lande, — et je n'y avais trouvé place pour le mariage qu'à une époque beaucoup plus éloignée.

Cet horoscope était basé sur l'étourderie et les mœurs enjouées de Louis, qui, riche, élégant et spirituel, semblait devoir épuiser les plaisirs de son âge, et ne demander que le plus tard possible au célibat sa dernière maîtresse et sa dernière coupe de vin d'Aï.

Je le trouvai dans sa chambre à coucher, au milieu de paperasses qu'il parcourait, — et qu'il jetait ensuite dans un brasier.

Tous les tiroirs d'un petit meuble placé auprès de lui étaient à moitié sortis de leurs rainures ; des coffrets s'étalaient ouverts.

— Ainsi donc ?... murmurai-je après l'avoir pendant quelques minutes regardé en silence, du seuil où je m'étais arrêté.

— Hélas ! répondit Louis en me tendant la main avec un attendrissement comique.

— Pauvre ami !

Je m'assis dans un fauteuil, la canne entre les jambes, comme le docteur Tronchin.

— Tu vois, reprit Louis, je mets mon passé en cendres ; je représente le bourreau sur le grand escalier du Parlement : je brûle solennellement tous ces écrits attentatoires à la morale et aux bonnes mœurs.

— Tous ?

— Sans exception. Il faut dépouiller le vieil homme.

— Cela doit te faire du mal.

— Je l'avoue, répliqua Louis, et tu arrives fort à propos pour m'empêcher de relire l'un après l'autre tous ces billets. Voilà deux grandes heures que je perds à ce travail. En commençant, je m'étais promis de ne regarder que les signatures ; — et puis, comme il y a toujours quelque chose au-dessus des signatures, et que c'est précisément à cet endroit-là que le style redouble d'expression et d'intérêt, je me surprenais à remonter de phrase en phrase jusqu'à la première. Je n'avais rien gagné à mon système : je relisais mes lettres en commençant par la fin, — voilà tout.

— Et tu y prenais plaisir ?

— Plaisir et déplaisir. Mes impressions ont été inégales et devaient l'être. Cela dépend des souvenirs blonds ou des souvenirs bruns. Parmi ces ombres évoquées, j'en revois de charmantes, qui me saluent d'un sourire et qui passent sans me laisser de remords... Celles qui gémissent et qui m'accusent sont plus nombreuses : les plaintes de quelques-unes m'ont touché ; — à de certains passages, je me suis trouvé barbare, impitoyable. J'aurais voulu courir après telle ou telle femme sacrifiée, me jeter à ses genoux et lui demander pardon. D'autres fois, en revanche, je m'irritais de ma faiblesse devant les insolences préméditées d'une maîtresse aimée seulement pour ses épaules...

— Ton brasier va s'éteindre, observai-je.

— Voici de quoi le ranimer, répondit Louis en y jetant une liasse enveloppée d'une faveur bleue et qu'il ne dénoua même pas ; — tout l'hiver de 1872 ! — c'est à-dire la plus sotte de mes sottises : un amour de théâtre !

— Comme cela flambe ! dis-je en journaliste qui ne sait pas résister aux avances de l'esprit facile.

— Et le printemps de 1873 avec ! s'écria-t-il.
— Gare à l'incendie !
— Au feu Cécile, Hélène et Clara ! les indifférentes et les désespérées ! les guirlandes d'un jour et les chaînes d'un an ! Au feu la bonne foi et le mensonge, les mots mignards, l'orthographe et la vertu indécises !... — Tiens ! le dossier d'Isabelle ! douze lettres, pas davantage, — dit Louis de Puy-la-Lande, arrêté.
— Tu as promis de ne pas relire.
— Isabelle valait mieux que les autres.
— Oh ! oh ! dis-je.
— Parole ! — Sa première lettre est signée : *Isabelle de N...* : la seconde : *Isabelle* ; la troisième ; *vôtre Isabelle* ; la quatrième : *ton Isabelle*. C'est la gamme ascendante. La gamme descendante y ramène la signature du point de départ. — Au feu !

Le feu recevait tout.

A travers la flamme claire on voyait reluire et courir des moitiés de phrases sur le vélin tordu :

« *Mon ange...* — *A toi pour la vie !* — *Puissiez-vous trouver dans une autre femme...* — *Tu as été mon premier amour, tu seras le dernier.* — *Cet homme ne me comprend pas...* — *Songe que je n'ai que toi au monde, et si par malheur...* — *Personne ne se doute encore de rien, mais il ne faut qu'un moment, qu'une imprudence...* — *Marguerite nous a vus l'autre soir, lorsque... — Oh ! ce serait une lâcheté ! jure-moi de ne plus lui parler... — Mais le rose me va mieux, vous me l'avez dit... — Te rappelles-tu cette soirée délicieuse, où... — Prends garde, Louis ! tu sauras ce que coûte la vengeance d'une femme !... — La parure tout entière, à ce que dit le bijoutier, ne s'élève pas à plus de... — Vou mavié praumi de venire vous m'aime... — Eh bien ! fuyons, puisque... — Tes deux mains dans les miennes, tu me répétais alors... — Il n'y a que nous pour savoir aimer !... — Votre ami est un impertinent !... — Trois lettres restées sans réponse ! trois lettres mouillées de mes larmes !... — Vois, je suis confiante... — C'est demain le 30, mon petit ; j'espère que tu ne l'as pas oublié... — Tu m'as donné une existence nouvelle... — Lundi, cela est impossible ; il passe toute la journée... — Pourquoi le ciel t'a-t-il placé sur mon chemin ?... — J'avais envie de me tuer... »*

⁂

Le feu dévorait tous ces propos interrompus, tous ces lambeaux de la vie humaine, dont quelques-uns, s'enlevant, allaient se répandre en parcelles noirâtres dans les coins de la chambre.

Les cires des cachets exhalaient en se consumant des odeurs diverses et pénétrantes.

Le vicomte de Puy-la-Lande sonna.

— Georges, le déjeuner est-il bientôt prêt ?

— Monsieur, dans dix minutes.

— Alors, j'ai le temps de brûler le reste. Cela t'ennuie ?

— Non.

— Voici Paule et voici Marie, dit Louis en entamant une nouvelle boîte.

— Les jolies pattes de mouche ! m'écriai-je, approchant mon fauteuil.

— N'est-ce pas ? Et comme ces écritures rapides, menues et penchées disposent aux élégantes rêveries ! La lettre garde tout de la femme : elle craque comme sa robe, elle est satinée comme sa peau, elle sent bon comme ses cheveux... Une lettre, continua-t-il, c'est un baiser en trois ou quatre pages.

— Que de baisers ! dis-je ; tu aimes donc depuis l'âge de raison ?

— A peu près, répond-il en riant.

Puis, vidant un dernier tiroir :

— Voilà mon auto-da-fé terminé, dit-il ; allons déjeuner !

— Allons déjeuner.

## XXXVI

## L'HOTEL DES INVALIDÉS

Louis XIV s'est immortalisé par la création de l'hôtel des Invalides.

On ne saurait trop multiplier les institutions nationales.

Pourquoi le gouvernement actuel ne chercherait-il pas à marcher sur ses traces en fondant l'hôtel des Invalidés ?

Les *vieux débris* de la politique sont dignes d'intérêt et de curiosité ; ils ont, eux aussi, des blessures, des cicatrices, — de celles dont on ne se vante pas, par exemple ; mais enfin ce sont toujours des blessures, et il faut en avoir pitié...

On attribuerait aux invalidés un vaste local dans un de nos faubourgs de Paris.

Ils y seraient logés, nourris, vêtus, blanchis, éclairés et chauffés aux frais de l'Etat. Ils habiteraient des chambrettes bien saines, bien aérées, bien propres, où leurs familles pourraient venir les voir.

Seulement, — les fenêtres seraient grillées pour prévenir les cas de fièvre chaude.

On leur donnerait deux sous par jour pour leur tabac, et on les laisserait aller par la ville, où ils seraient la joie des enfants.

L'uniforme des invalides — car il leur faudrait absolument un uniforme — serait simple et de mauvais goût : un maillot d'hercule avec des brodequins fourrés et, par dessus, une robe de moine.

Je les vois d'ici, ces nouveaux pensionnaires d'un hôtel des Invalidés, gaillards, allant voir jouer au cochonnet, pinçant le menton aux blanchisseuses, fredonnant, l'un : *Vive Henri IV !* l'autre : *Partant pour la Syrie.*

On se les montrerait au doigt dans la rue, en disant :

— Il était à Avignon !

Ou bien :

— Il était à Baume-les Dames !

— Celui-là est un lapin !

— Et celui-ci un brave à trois poils !

— En voilà un qui s'est rudement battu à Cavaillon !

— Ce gros-là faisait partie de la trente-deuxième
rigade de Condom !

Ran plan plan ! Ran plan !

Rrrrran !

Les sédentaires auraient la jouissance d'un petit jardin, qu'ils cultiveraient et décoreraient à leur guise.

Les uns y placeraient le portrait du comte de Chambord, les autres le buste de Napoléon III.

Ils seraient même libres de remplacer Napoléon III et le comte de Chambord par un rocher en coquillages ou par un petit lapin en plâtre, à tête branlante.

On aimerait à voir ces invalidés se profilant sous un berceau de vigne, au soleil, lisant un journal quelconque, et s'interrompant pour s'essuyer le front avec un mouchoir de couleur...

De couleur blanche ou bleue.

On leur ferait à manger dans une grande marmite, comme pour leurs collègues des bords de la Seine.

Ah ! dame ! ce ne seraient plus les succulents festins des bons temps de l'empire. Ce serait un petit veau inoffensif, arrosé d'un timide argenteuil.

Mais enfin, ce serait la pitance assurée et la table mise tous les jours régulièrement à la même heure.

Il y aurait de temps en temps des distributions de nez d'argent.

Histoire de rire!

On s'amuserait aussi à de petites élections, telles que celle de l'*Invalidé à la tête de bois,* — car il ne faut pas laisser périr les légendes.

Grâce à cette élection, il y aurait encore de beaux jours pour les campagnards naïfs qui visiteraient l'hôtel.

— Monsieur, voudriez-vous être assez bon pour m'indiquer l'invalidé à la tête de bois?

— De bois ou de buis?

— On m'a dit de bois.

— C'est le même, d'ailleurs.

— Où est-il?

— Montez au troisième étage, tournez, prenez le corridor 212... puis le corridor 222... chambre 9... c'est là. Vous le trouverez en train de faire sa partie de besigue.

— Merci, monsieur.

— A propos..... parlez-lui en élevant la voix, car il est un peu dur d'oreille.

Sur un autre point :

— L'invalidé à la tête de bois, s'il vous plaît?

— Ce n'est pas moi, monsieur.

— Je le vois bien ; mais pouvez-vous me dire où il se trouve?

— Il était ici il n'y a qu'un moment.

— Et, à présent?...

— Il sera allé probablement se faire raser.

— Se faire raser? c'est prodigieux!

— Il ne peut tarder à revenir ; donnez-vous donc la peine de vous asseoir en l'attendant.

*Brouillés depuis Wagram!*
C'est le titre d'un aimable vaudeville de Lambert Thiboust.

Il faudrait s'attendre, chez les invalidés, à de fréquentes rééditions de cette pièce.

On les connaît : ils sont aussi grincheux que Vergeot et Champein; ils ont des rancunes, surtout ceux du Midi.

Les Hautes-Alpes feraient les gros yeux aux Basses-Pyrénées; Vaucluse montrerait le poing à l'Hérault.

— Môssieu, voulez-vous me prêter votre arrosoir?
— Jamais, môssieu!!
Chacun accuserait l'autre de sa ruine.

— Vous êtes allé trop loin dans la résistance ; moi, j'étais plus souple, plus onctueux.....

— Oui, cela vous a joliment réussi!

— Vos formes cassantes, vos manières impérieuses vous ont perdu!

— Dites donc plutôt que ce sont vos allures jésuitiques!

— Môssieu!
— Môssieu!!

— Je ne trouve pas ma graine d'œillets..... moi qui, justement, voulais en semer ce matin.

— J'en ai, moi, de la graine d'œillets; mais je la garde.

— Cela ne m'étonne pas de votre part, un butor.., un bonapartiste!

— S'il y avait eu que des bonapartistes comme moi, l'affaire serait aujourd'hui dans le sac. Mais qu'attendre de légitimistes comme vous? Quel espoir fonder sur des hommes aussi mous, aussi flasques, aussi...

— Dites donc! dites donc!

— De véritables chiffes... Moi, du moins, j'ai mis mon département sens dessus dessous. J'ai fait de l'agitation en grand. Tenez, un jour, l'aile gauche allait faiblir... c'est-à-dire la droite... enfin nous courions un grand danger. Nom d'un vote! il ne s'agissait pas d'avoir froid aux yeux. Je dis à Bodéléac...

— Qui ça, Bodéléac? Bodéléac de la 12ᵉ du 24ᵉ?

— Eh! non... Bodéléac des Côtes-du-Nord... Vous m'embrouillez, vous. Voici vos graines d'œillet, et fichez-moi la paix!

— Voici votre arrosoir.

— A propos de votre arrosoir, marquis...

— Quoi?

— Il me rappelle les urnes de ma circonscription électorale. Hi! hi! hi!

Puis à l'heure de la retraite, changement de tableau.

Voici les invalidés qui se comptent avant de rentrer à leur hôtel.

— Où donc est Esbignard?

— Le voilà qui arrive avec Saint-Just.

— Avez-vous vu Bardilan?

— Il était tout à l'heure en compagnie de Novalis et de Beyrousse.

— Les nobles me paraissent bien joyeux ce soir.

— Quels nobles?

— D'Aygueschaudes, de Poirières, de Cardenay, de Puybernal, de la Villegomar...

— Que voulez-vous? Il faut bien que noblesse se passe!

— Je cherche de Bordal.

— Il a obtenu de garder une maison en construction.

— Où cela?

— Rue de la République.

— Allons donc! est-ce qu'il y a une rue de la République à Paris!

— Mais oui.

— Pas possible!

— A Montmartre... près de la rue Labat.

— Pourquoi pas à Chaillot?

— Qu'est devenu Rabion du Tertre?

— Invisible. Cela ne le change pas.

— Et Fœderer?

— Il se sera attardé au *Petit Pot* ou à la *Renommée du Champoreau d'Afrique*.

— Le serein commence à se faire sentir... c'est l'heure où s'éveillent mes rhumatismes gagnés au service de l'ordre moral. Rentrons, camarade.

— Rentrons.
— Rentrons.
— *Vive Henri IV !*
— *Partant pour la Syrie...*
— *As-tu vu la casquette... la casquette ?*
Les invalides vont se coucher.

## XXXVII

## LAMENTO

#### DES FONCTIONNAIRES DESTITUÉS

---

*J'ai perdu mon habit brodé!*
*La France court vers un abîme.*
*Par l'Officiel poignardé,*
*J'ai perdu mon habit brodé!*
*O mon pauvre frac démodé,*
*Va, ne crains plus que je t'abîme!*
*J'ai perdu mon habit brodé!*
*La France court vers un abîme.*

*J'ai perdu mon brillant hôtel!*
*Où le pouvoir a-t-il la téte?*
*Je ne vivrai plus de l'autel :*
*J'ai perdu mon brillant hôtel!*
*Semblable à monsieur tel ou tel,*
*J'erre, en pleurant mes jours de fête.*
*J'ai perdu mon brillant hôtel!*
*Où le pouvoir a-t-il la téte?*

*J'ai perdu mes appointements!*
*C'en est fait, la patrie est morte.*
*Je vois de noirs événements :*
*J'ai perdu mes appointements,*
*S'ils s'en tirent, les garnements,*
*Je veux bien que Satan m'emporte!*
*J'ai perdu mes appointements!*
*C'en est fait, la patrie est morte.*

*J'ai perdu mon titre et mes gens!*
*Attendons-nous à des désastres.*
*L'ère est aux ininteIligents :*
*J'ai perdu mon titre et mes gens!*
*Pour fuir ces temps trop affligeants,*
*Je veux me retirer à Castres.*
*J'ai perdu mon titre et mes gens!*
*Attendons-nous à des désastres.*

## XXXVIII

### CURIOSITÉ DE JEUNE FILLE

La scène se passe en plein faubourg Saint-Germain, dans le mille de l'aristocratie et de l'élégance, chez le duc de la Planche-Mibray. Vieille noblesse... de cent ans. La Planche-Mibray était une seigneurie qui fut érigée en duché au xviii® siècle par le pape.

Le duc, la duchesse et Valentine, leur fille, achèvent de déjeuner dans un petit salon de leur hôtel.

Le duc Eraste-Gombaud-Cristoris-Jean-Gustave Grattabous de la Planche-Mibray est un homme de cinquante ans environ, d'un extérieur aimable, et qui ne serait certainement pas déplacé dans un magasin du faubourg Saint-Denis.

La duchesse sa femme, est une grosse personne encore très fraîche, toujours prête à céder au sommeil. Ses ennemis eux-mêmes sont forcés de lui reconnaître une belle âme.

Rien de plus joli que Valentine. Dix-huit ans dans toute l'insolence de leur épanouissement.

Voilà nos personnages.

Ecoutons-les.

Le Duc. — Viens çà, ma Valentine ; viens çà, ma fille adorée, la fleur de mon blason. Viens recevoir le baiser bi-quotidien de tes parents et apprendre de leur bouche une grande nouvelle.

Valentine. — Quelle nouvelle, papa ?

Le Duc. — C'est ta fête dans douze jours.

Valentine. — Je le sais.

Le Duc. — On ne peut plus rien cacher aux enfants... Mais ce que tu ne sais pas, ma Valentine, ce que tu ignores, mon inestimable joyau, c'est que j'ai décidé de donner une grande fête à cette occasion.

Valentine. — Je m'en doutais, papa, puisque c'est votre habitude tous les ans.

Le Duc. — Elle s'en doutait ! (*A la duchesse.*) Elle est charmante !

La Duchesse. — C'est mon avis.

Le Duc. — Une perle ! une anémone ! un lis !

La Duchesse. — Oui ; mais en sa qualité de lis elle pourrait se tenir plus droite.

Le Duc. — Valentine, la fête que je prétends donner à ton intention ne ressemblera à aucune de celles qui l'ont précédée.

Valentine. — Je vous demande pardon, papa, elle sera absolument pareille.

Le Duc. — Que veux-tu dire, mignonne?

Valentine. — Je veux dire qu'elle se composera comme les autres d'un grand dîner, d'un concert et d'un bal.

Le Duc. — C'est, ma foi, vrai. Tu as le don de seconde vue, ma colombelle. Alors, puisque, tu sais si bien lire dans le cœur de tes parents, et que nous voilà tous les trois réunis dans ce petit salon historique, — car il est historique, — tu vas nous conseiller au sujet de ce concert dont je veux faire la partie importante de la fête.

Valentine. — Volontiers, papa.

Le Duc. — D'abord, l'orchestre Waldfeutel.

Valentine. — Ça m'est égal.

Le Duc. — Waldfeutel... un nom étranger et qui sonne bien. Il nous jouera des fragments de la *Vie pour le Czar*, de Glinka. Je raffole de ce qui est étranger, moi...

Valentine, *indifféremment*. — Ensuite?

Le Duc. — Ensuite une comédie, un proverbe, par les artistes du Théâtre-Français... il n'y a que cela... On parle d'une petite Samary qui ne va pas mal. Hein?

Valentine. — Comme vous voudrez, papa.

Le Duc. — Alors, une comédie, c'est convenu. Quelque chose de moral et de bien écrit.., du Scribe, si l'on peut... Mais cela ne remplit pas toute la soirée... Que dirais-tu de quelques chanteurs sérieux ou comiques?

Valentine. — Je n'en dirais rien.

Le Duc. — M. Bouhy? M. Nicot? M. des Roseaux?

Valentine. — Peu m'importe.

Le Duc. — Cependant, ma fille, puisque c'est pour toi...

Valentine. — Eh bien! mon papa, j'aimerais mieux voir des gens que je n'aurais jamais vus.

Le Duc. — C'est facile. As-tu quelqu'un en idée?

Valentine. — Oh! oui, papa.

Le Duc. — Naïf élan!... Désigne-le moi, mon hermine.

Valentine. — Vous ne voudrez pas...

Le Duc. — Pourquoi donc? Je suis prêt à inviter qui tu voudras.

Valentine. — Bien sûr?

Le Duc. — Foi de la Planche-Mibray!

Valentine. — Eh bien papa... je voudrais voir un républicain... Invitez un républicain.

*
* *

La foudre tombant dans le petit salon historique n'aurait pas jeté plus d'épouvante que ces simples paroles au cœur du noble couple.

Avait-il bien entendu?

Le duc Éraste-Gombaud-Critoris-Jean-Gustave Grattabous de la Planche-Mibray fut le premier à se remettre. Il fit un signe d'intelligence à la duchesse, et s'adressant à Valentine :

— Tu plaisantes sans doute, mon enfant?

Valentine. — Non, papa.

Le Duc. — Tu voudrais....?

Valentine. — Je voudrais voir un républicain. On ne parle que d'eux, on ne cause que d'eux.

Le Duc. — Qui te l'a dit?

Valentine. — Votre journal, papa.

Le Duc. — Elle a réponse à tout... Mais, méchante, il s'agit d'un concert et pas d'autre chose. Un... comme tu dis... n'a rien à démêler avec un concert. Ça ne chante pas, ça ne joue pas d'un instrument.

Valentine. — Tant mieux !

Le Duc. — Ça n'a rien de plus étonnant que les autres.

Valentine. — Oh ! si ! puisque vous les détestez tant.

Le Duc. — Je t'achèterai la photographie d'un d'entre eux... du moins laid. Ah ! je suis aimable !

Valentine. — Ça n'est pas la même chose... Je veux en voir un vivant.

Le Duc. — Sérieusement?

Valentine. — Très sérieusement.

Le Duc, *à la duchesse*. — Allons, madame, il faudra mener cette petite folle au Sénat... pas à la Chambre des députés, c'est trop cohue, trop mélangé...

La Duchesse — Pourquoi au Sénat, monsieur le duc?

Le Duc. — J'ai entendu dire... notez que je n'affirme pas... je ne voudrais pour rien au monde qu'on m'attribuât une affirmation de cette nature... j'ai entendu dire qu'il y avait là cinq ou six républicains, peut-être moins... Valentine pourra satisfaire sa curiosité.

Valentine. — Non, non, je veux des vrais !

Le Duc. — Mais il sont vrais autant que les autres, ma fille.

Valentine. — Eh bien! invitez-en un à notre fête.

Le Duc. — Comprends donc, ma belle licorne blanche : des... républicains... ne sont pas des individus à recevoir. Ils sont très mal élevés, ils crachent sur tous les meubles.

Valentine. — En êtes-vous bien sûr?

Le Duc. — Voyons, Valentine, tout cela n'est pas naturel. Tu as dû être circonvenue par quelqu'un?

Valentine. — Eh bien! oui!

Le Duc et La Duchesse. — Ah!

Valentine. — Mon amie Edmée...

Le Duc. — Edmée de Trouogate?

Valentine. — Non... de Préenville... Mon amie Edmée a été plus heureuse que moi : on a amené l'autre soir chez ses parents un républicain... un jeune homme charmant.

Le Duc. — Oh! oh!

Valentine. — Charmant... distingué... tout à fait spirituel.

Le Duc. — On aura fait croire à ton amie que c'était un républicain..... quelque mystification concertée...

Valentine. — Pas du tout. C'est bel et bien un républicain, et des plus en vue : il s'appelle le comte d'H...

Le Duc. — Un renégat!!

Valentine. — Je ne sais pas..... un valseur.

La Duchesse. — Il y a des parents bien imprudents!

Valentine. — Vous comprendrez, papa, que je ne peux pas souffrir que mon amie Edmée se moque de moi et me traite en petite fille... Je veux, à mon tour, avoir un républicain à ma fête.

Le Duc. — Jamais, mademoiselle!

Valentine, *se tournant vers la duchesse.* — Maman?...

La Duchesse. — Jamais, ma fille!

Valentine. — Alors, parents barbares, ne vous en prenez qu'à vous de ce qui pourra arriver.

Le Duc. — Que veux-tu dire? Une menace?...

Valentine. — Je suis résolue à tout.

Le Duc. — Oserais-tu méconnaître l'autorité paternelle?

Valentine. — Je ne méconnaîtrai rien du tout... mais il y a une liberté qui m'appartient.

Le Duc. — Laquelle, s'il te plaît?

Valentine. — Vous allez voir... Cette fenêtre...
   *Elle court à la fenêtre, et l'ouvre.*

Le Duc. — Ciel! je tremble de deviner...

La Duchesse — Valentine! arrête!...

Valentine, *criant par la fenêtre.* — Vive la République!

## XXXIX

### LES MIRACLES

— Ah! pour devenir immensément riche, s'écriait l'autre jour une jeune et jolie femme de mes amies, je crois que je donnerais...
— Quoi?
— Mon âme au diable!
— Eh bien! que ne la donnez-vous? lui dis-je.
— C'est que je ne sais pas comment m'y prendre, répondit-elle ingénument.
— N'est-ce que cela? Je me fais fort de vous instruire; j'ai lu tous les livres de magie.
— Vraiment! Je n'ai aucune idée de ces sottises... Je vous avouerai pourtant qu'une nuit j'ai répété à haute voix l'évocation de *Faust*.
— Je sais... *Que la salamandre s'enflamme, que l'ondin se replie....* C'est enfantin. Aussi n'est-il venu personne?

— Si : il est venu ma femme de chambre. Elle m'a fait une telle peur que j'ai caché ma tête sous mon oreiller. Mais à présent je sens que je serais plus brave. Initiez-moi.

Elle était charmante en parlant ainsi.

— Pour de bon ? lui dis-je.

— Pour tout de bon.

— Vous êtes parfaitement décidée à évoquer...?

— Le diable... oui. Pour être immensément riche.

— Bien entendu ; c'est la condition. Quel diable voulez-vous appeler?

— Il y en a donc plusieurs? dit-elle avec étonnement.

— Il y en a un pour chaque jour de la semaine.

— Tiens ! tiens ! tiens ! Savez-vous que c'est fort bien imaginé ?

— Mais oui, pas mal. Pour chacun de ces démons, il y a, en outre, des heures particulières, des formules d'évocation différentes, des cadeaux dissemblables.

— Ah ! ces messieurs exigent des cadeaux ?

— La moindre des choses. Ne faut-il pas les indemniser du dérangement qu'on leur cause ?

— C'est juste.

— Sans cette petite formalité, ils seraient d'une humeur exécrable.

— Voyez-vous cela ! Continuez, s'il vous plaît. Vous disiez que messieurs les diables avaient chacun un jour, comme M. Choufleuri?

— Précisément : le lundi appartient à Lucifer. C'est un des esprits supérieurs du noir royaume, un de ceux qui approchent le plus directement Satan. On ne peut l'évoquer que de trois à quatre heures. Pour cadeau, il se contente d'une souris.

— Vivante ou morte?

— Vivante, tout ce qu'il y a de plus vivante.

— Allez.

— Le mardi est à Nambroth. Très influent aussi, et très-sollicité. Vous ne vous en étonnerez pas quand vous saurez qu'il préside aux honneurs et aux dignités. Il se laisse évoquer le soir de neuf à dix heures. On lui offre la première pierre qu'on rencontre.

— Ce n'est pas cher.

— C'est même pour rien. Le mercredi est à Astaroth. Astaroth va en ville de dix à onze heures du soir. C'est un démon familier et conseiller, genre Socrate. Accepte un crapaud.

— Pouah!

— Le jeudi appartient à Acham. Il faut évoquer Acham de grand matin, entre trois et quatre heures. On lui présente un morceau de pain, moyennant quoi il apparaît en roi.

— En roi! Et pourquoi?

— C'est son idée. Il est préposé aux trésors. Vous jugez s'il doit avoir une clientèle nombreuse!.. Le vendredi est à Béchet.

— Vous dites?

— Je dis : Béchet.

— Drôle de nom pour un diable! Pourquoi pas Duhamel? Ce doit être un diable bourgeois, établi et marié. Il vend quelque chose assurément, votre Béchet.

— Je manque de renseignements sur lui, répondis-je, je sais seulement qu'on l'appelle à minuit et qu'on lui donne une noix.

— Vomique, sans doute.

— Le samedi est consacré à Nabam. Je ne connais pas de spécialité à Nabam. On lui demande ce qu'on veut, en échange d'une rôtie. De onze heures à minuit.

— Et enfin, le dimanche?

— Est le jour d'Aquiel. Aquiel est assez couru, en raison de ce qu'il octroie le don d'invisibilité. Qui est-ce qui n'a pas désiré souvent d'être invisible? On l'appelle à midi, et on lui met un poil de renard dans la main.

Je m'arrêtai un instant, et je repris :

— Maintenant que vous les connaissez, chère, faites votre choix entre ces sept diables.

— Je n'ai pas de préférence, répondit la jeune femme; j'aimerais beaucoup mieux m'adresser à leur chef, au seigneur Satan.....

— Oh! impossible! Il ne faut pas y songer. Il est plus surchargé de travail qu'un ministre! Il ne sait où donner des cornes.

— Eh bien! alors, dit-elle, je me rejette sur celui de ses représentants qui préside à la découverte des trésors.

— Acham.

— Acham, soit. Qu'est-ce que je dois faire pour me mettre en rapport avec M. Acham?

— Je vais vous l'apprendre. D'abord... cela est assez délicat à dire... il faut être en état de pureté depuis quelques jours.

— Chut ! chut ! fit-elle en rougissant.

— Ce n'est pas moi qui parle, c'est le Grimoire.

— Quel Grimoire?

— Le Grimoire du pape Honorius, rien que cela.

— Après?

— Vous tracez un cercle au milieu duquel vous vous placez. Cette précaution est indispensable pour vous garantir des atteintes des démons, dont le premier mouvement est de vous empoigner.

— Oh ! oh ?... et ce cercle ?...

— Doit être tracé au charbon.

— Très bien.

— Alors, vous procédez à l'évocation dont voici la formule :

« Moi (vous vous nommez solennellement), je te conjure, Acham... je te conjure par la vertu de tous les esprits, par tous les caractères, par le *Pentacle* de Salomon, par ta confusion et ta malédiction, que tu aies à venir en belle et humaine forme, pour répondre à la réelle vérité de tout ce que je te demanderai. Je te commande de venir sans délai ou de m'envoyer un autre esprit qui ait la même puissance que toi, qui exécute mes ordres et qui soit soumis à ma volonté. »

—. Est-ce tout ?

— Vous vous écriez ensuite trois fois : Viens, Acham ! Viens, Acham ! Viens, Acham !

— Et Acham vient ?

— Parbleu !

— C'est le moment effrayant, murmura la jeune femme après quelques minutes de silence.

— Bast! vous pouvez tomber sur un diable bien élevé.

— Mais que lui dire ?

— Ah ! cela ne me regarde plus. Une fois que vous en serez là, vous vous arrangerez avec lui.

— S'il allait me faire signer un pacte ?

— C'est probable.

— Avec mon sang ?

— Oh ! ce serait bien *vieux jeu*. L'enfer doit avoir progressé lui aussi.

La jeune femme était devenue rêveuse.

— Ecoutez, me dit-elle.

— Je vous écoute, ma chère amie.

— J'ai deux choses à vous demander.

— Accordées à l'avance.

— La première, c'est de ne pas trop vous moquer de de moi.

— Et la seconde ?

— C'est de me transcrire ce que vous venez de me dire.

— Je vous le promets.

J'ai tenu ma parole, comme on voit.

Seulement, j'ai tiré ma copie à des milliers d'exemplaires.

Si toutes celles de mes lectrices qui sont un peu superstitieuses et qui désirent devenir riches se servent de la conjuration que je viens d'indiquer, — Acham aura de la besogne.

FIN

# TABLE

Ce qu'ils pensent. . . . . . . . . . . . . . . 1
Conversation politique avec mon concierge. . . . . . 9
Une agence électorale. . . . . . . . . . . . 15
Dialogue entre un pantin et un homme d'état. . . . . 23
Travail d'infiltration. . . . . . . . . . . . . . 29
Lettre d'un sous-préfet à un autre. . . . . . . . 37
La procession. . . . . . . . . . . . . . . . 43
Dans le silence du cabinet. . . . . . . . . . . 49
Autre sous-préfet. . . . . . . . . . . . . . . 57
Suicide. . . . . . . . . . . . . . . . . . 61
Le canu. . . . . . . . . . . . . . . . . 69
Le député et le coiffeur. . . . . . . . . . . . 77
Le nouveau décoré. . . . . . . . . . . . . 85
Le retour du candidat. . . . . . . . . . . . 93
Le Tsigane et la grande dame. . . . . . . . . 103
Chemin de Damas. . . . . . . . . . . . . 111
Frantz Dupont . . . . . . . . . . . . . . 119
Un article dangereux . . . . . . . . . . . . 127
Le dernier bain de mer. . . . . . . . . . . 135
Hobereaux. . . . . . . . . . . . . . . . 141

| | |
|---|---:|
| Le député aux songes. | 149 |
| Professeur de polémique. | 153 |
| Le centenaire de Carcassou. | 161 |
| Qui vivra rira.. | 171 |
| Le portrait de Sa Grandeur. | 179 |
| L'homme de lettres et l'Auvergnat. | 185 |
| Le saumon.. | 193 |
| Les sonneurs. | 195 |
| Le départ de Paris. | 203 |
| Le père. | 211 |
| Nostradamus fils. | 217 |
| La lettre chargée | 225 |
| Insomnies d'un ministre | 231 |
| A toi mon cœur. | 241 |
| Un feu de cheminée | 249 |
| L'Hôtel des Invalides | 255 |
| Lamento des fonctionnaires destitués. | 263 |
| Curiosité de jeune fille. | 265 |
| Les miracles. | 273 |

FIN DE LA TABLE

*Imprimerie Générale de Châtillon-J-Seine. — J. Robert.*

www.ingramcontent.com/pod-product-compliance
Lightning Source LLC
Chambersburg PA
CBHW060128190426
43200CB00038B/1082